ドイツ統一

アンドレアス・レダー Andreas Rödder
板橋拓己 訳

Eurus Notus Boreas Zephyrus

岩波新書
1847

GESCHICHTE DER DEUTSCHEN WIEDERVEREINIGUNG
3. durchgesehene Auflage

by Andreas Rödder

First published 2020 by Verlag C. H. Beck oHG, München.
This Japanese edition published 2020
by Iwanami Shoten, Publishers, Tokyo
by arrangement with C. H. Beck oHG, München.

凡　例

一、本書は、Andreas Rödder, *Geschichte der deutschen Wiedervereinigung*, 3. durchgesehene Auflage, München: C. H. Beck, 2020 の全訳である。原著は同著者による *Deutschland einig Vaterland. Die Geschichte der Wiedervereinigung*, München: C. H. Beck, 2009 を一般読者向けに簡潔にしたものであるため、訳出にあたっては、後者も適宜参照した。

二、原文の« »は「 」とした。ただし、原文に« »がなくても、固有の組織名などについては、訳文で「 」を用いた場合がある。

三、原文でイタリックの語句には傍点を付した。

四、原文の( )は訳文でも( )とした。

五、[ ]や[……]は原著者レダーによる補足および省略である。

六、〔 〕は訳者による補足である。ただし、一般向けの新書という性格に鑑み、〔 〕を付けていなくても、訳者の判断で説明的な語句を補足している場合があることを断っておきたい。

七、小見出しは訳者が付けた。また、あまりに長い段落は、訳者の判断で改行した。

八、DDRはドイツ民主共和国の略称だが、基本的に「東ドイツ」と訳した。またBundesrepublik およびBRDはドイツ連邦共和国とその略称だが、統一前は「西ドイツ」と訳した。

九、本書中の写真は、C・H・ベック社の了解を得て、日本語版のために選定・挿入されたものである。

目　次

目次

第4章　再統一と世界政治 ―――― 105

なぜ迅速な再統一が可能だったのか

目　次

Photo/Getty Images

地図製作/前田茂実

116ページの地図は，ドイツ連邦政治教育センターのウェブサイト（https://www.bpb.de/politik/hintergrund-aktuell/209865/bildergalerie-potsdamer-konferenz?show=image&k=5）に基づく．

1989 年の東西ドイツと近隣諸国

第1章

革命前夜

東ベルリン（1985年撮影）

一九八九／九〇年のドイツ革命の進展には、二つの局面があった。東ドイツにおける平和革命は、ＳＥＤ〔ドイツ社会主義統一党〕による支配を崩壊させたのち、一七八九年以後のフランスや一九一七年のロシアにおける革命とは異なり、急進化することはなかった。その代わり、平和革命はドイツ再統一へと統御された道を進み、東ドイツは連邦共和国に編入され、西ドイツの秩序が新たに加わった諸州に移植された。その際、この二つの局面の移行期において――他の諸革命と同様に――推進力とアクターは変化した。

ドイツ革命が可能となったのは、一九八〇年代末に世界政治の状況が根本的に変化したからである。ナポレオン戦争〔一八〇三～一五年〕の時代から、ドイツ問題は国際的な枠組みの諸制約に左右されてきたのであり、一九八九／九〇年のドイツ革命も、そうした歴史的な伝統のなかにあった。たとえば、一九世紀半ばにクリミア戦争〔一八五三～五六年〕の結果としてヨーロッパの政治的な力関係が変化して初めて、一八七一年のドイツ帝国創建に向けた行動の余地が生まれた。また、第二次世界大戦後のドイツ分断は、戦勝国側が、冷戦に移行するなかで、ドイツ問題について一致した解決策にたどりつけなかったために生じた。そうした先例と同様に、東側ブロックが機能不全に陥って初めて、再びドイツ問題が動き始めたのである。

1　ソヴィエト帝国の終焉

ゴルバチョフの登場とペレストロイカ

東西冷戦の終焉は、モスクワにおける変化に起因する。しかし、モスクワの変化がもたらした影響は、もちろん決して意図されたものではなかった。というのも、一九八五年三月一一日にミハイル・ゴルバチョフ〔一九三一〜〕が東側世界で最強の権力者となったとき、彼は共産主義を救おうとしていたのである。だが実際には、ゴルバチョフの政治は、数年のうちにソ連支配の最終的な崩壊を引き起こすプロセスの始まりとなった。この新しいソ連共産党書記長は、老いて病んだ前任者たちよりも若々しく、典型的な長老たちよりも教養を備え、立ち回りもうまかった。また、ソ連が陥っていた深刻な経済危機を直視していた。それゆえゴルバチョフは、自国に改革を処方したのである。改革の目的は、決して共産主義を手放すことではなく、共産主義を救済し、改良することだった。ゴルバチョフは、イデオロギーをもたない冷笑家でもなければ、市場経済を支持する民主主義者でもなく、共産主義を改革しようとする理想主義者であった。彼は実務主義的な側面と突飛な側面を兼ね備えており、両者は彼のなかでしばしば矛盾した。

「ペレストロイカ」は改革政策の中心的な概念だったが、それは当然のごとく、幾度も予期せぬ結果や厄介な状況をもたらした。たとえばそれは、反アルコール依存症キャンペーンに見られる。アルコール依存症は、労働現場のいたるところに存在した怠業の主たる原因と見なされていた。そこで、アルコール飲料の生産と販売が制限されたのだが、その結果として火酒の密造が急増するとともに、砂糖の備蓄が減少し、さらに税収がストップしたことにより、国家財政の赤字が上昇した。

また、個々人の自己責任感と能率を強化すべく、社会主義的な経済秩序を市場経済的に改革するための多くの法律が公布されたが、それらは必ずしも一貫した構想のもとで相互に関連付けられていたわけではなかった。むしろ、それらの改革措置は、中央計画経済と政治システムの基盤を掘り崩すとともに、いたるところで著しい混乱を引き起こした。〔消費財の〕供給の窮乏と闇市、インフレの急速な進行とストライキ。これらは、改革が、ゴルバチョフら改革者たちの予期しなかった独自のダイナミズムで動いていく前兆となった。

こうした動きは、経済の領域に限定されるものではなかった。というのも、中国とは異なり、ソ連では経済改革が社会的・政治的な開放と並行して進んだからである。「グラスノスチ」——情報の透明性、開放性、公開性の確立——は、必然的に民主化につながるものであり、それは共産党の一党支配を掘り崩し、国家が定めた歴史像にも襲いかかった。歴史をめぐる論争がレーニンおよびソ連創設期にも及んだとき、ソ連の国家イデオロギーの根源までも断たれようとしていたのである。こうして、改革は統御不能になった。

ブレジネフ・ドクトリンの放棄

改革政策は、早急に重荷からの解放を必要とした。そしてソ連は、とりわけ対外的な重荷に苦しんでいた。東西対立のなかでソ連は、自らの軍産複合体、東中欧および南東欧の衛星諸国に対する支配、さらにアフガニスタン紛争〔ソ連軍の介入は一九七九年〕によって、莫大なコストを背負っていた。そして、そのコストはなお増大する恐れがあった。

一九八八年にゴルバチョフは、アフガニスタンからのソ連軍の撤退を指示した。同時に彼は、西側との緊張緩和に賭けた。軍縮攻勢をかけ、一九八七年一二月にはアメリカとの中距離核戦力(INF)全廃条約の調印——一〇年足らず前には、そのINFの配備をめぐって、東西関係は「第二冷戦」(フレッド・ハリデイ)の状態に陥っていた――に漕ぎつけた。さらにゴルバチョフは、架橋し難いイデオロギー上の対立に代えて、異なる体制がひとつの屋根の下で共存する「ヨーロッパの家」というビジョンを発表した。一九八八年末には、ゴルバチョフはニューヨークの国連で演説し、「国家間関係の脱イデオロギー化」、「選択の自由という原則の不可避性」、そして「(政権の)無謬性の主張」の放棄、暴力および威嚇の放棄について語った。

これは、一九一七年以来、世界革命の伝播とその普遍妥当性を要求してきたソヴィエト共産主義の劇的な転換に他ならない。そしてこのことは、ワルシャワ条約機構に属する東中欧および南東欧諸国にとって、まさに決定的な意味をもった。というのも、彼らこそが、国内的にはソヴィエト型共産主義に縛られ、対外的にはソ連の優越的地位を認めさせられていたからである。そして、そこから逸脱した場合は、一九五三年の東ドイツ、一九五六年のハンガリー、そして一九六八年のチェコスロヴァキアで実行されたように、ブレジネフ・ドクトリンのもと、軍事介入を覚悟せねばならなかったのである(ブレジネフ・ドクトリンとは、社会主義共同体全体の利益のためには個々の社会主義国の主権は制限されるという議論。一九六八年の「プラハの春」への軍事介入を正当化するため、当時のソ連の最高指導者レオニード・ブレジネフが定式化した)。

しかし、いまやゴルバチョフは、選択の自由と武力放棄を発表した。そして一九八九年七月初頭、ワルシャワ条約諸国の首脳は、「いかなる国民も、自国の運命を自ら決定し、自らに相応しいと思う社会政策・経済システムや国家秩序を自ら選択する権利を有する」ことを公式に決議した。このことが具体的に何を意味するかは――現在から見ればその重要性は明らかだが――、同時代の人びとにとっては、それほど明瞭ではなかった。すでに早くから「自決」という言葉が用いられていたが、それはレーニン主義的な精神と結び付けられており、ゴルバチョフもそのように語っていた。それゆえ、「自決」が共産党だけに当てはまるのか、あるいは全住民に認められるのかという問題への回答についても、それほど明瞭ではなかったのである。ほぼ二世代にわたるソ連支配の経験のため、ワルシャワ条約諸国で政権に関わる問題が生じたときにクレムリンが実際にどう反応するかは、一九八九年秋にいたるまで不確かなままであった。

最終的に判明したのは、少なくともソ連の国境外であれば、ソ連は軍事干渉をしないということだった。ゴルバチョフの改革政策が世界史的転換への道を拓いたのち、そのプロセスが統御不能になり、望んだこととは逆の方向に進展し始めたとき、ゴルバチョフは歴史的な意義をもつ第二の決断で対応した。すなわち「見事な武力不行使」(ヴラジスラフ・ズボク)である。いまでは多くの人が、軍事干渉は一九八九年にはそもそも現実的なオプションではなかったと語っている。それはきわめて危険だったろうし、それでモスクワが何を得るというのか、と。しかし、歴史的な経験に加え、一九八九年六月に中国の反対派が武力で鎮圧されたこと〔天安門事件〕に鑑みると、武力行使の可能性は決して排除できなかった——まさに、ソヴィエト帝国の平和的な崩壊は、一九八九／九〇年の真の奇跡だったのである。

ゴルバチョフは、ソ連国内に累積する諸問題に忙殺されていた。また、彼にはリアリスティックな現状分析能力が欠けていたし、明確な見通しも欠如していた。彼の補佐官だったアナトーリー・チェルニャーエフ〔一九二一～二〇一七〕は、一九八九年春に次のように記している。「彼〔ゴルバチョフ〕は、われわれがどこに向かっているのか、明確なイメージをもっていなかった。彼が取り組もうとしていた社会主義的な諸価値や十月〔革命〕の理想についての発言は、専門家には皮肉のように聞こえた。その中身は空虚だったのである」。ゴルバチョフの改革政策は、それが将来に及ぼす影響について、驚くほど無自覚なまま着手されたのである。ゴルバチョフは、ソ連の勢力圏にある諸国が、彼を模範とする共産主義改革を推進するために、自らの自由を利用することを期待していた。しかし実際には、各国は共産主義を手放し、モスクワとの関係を絶っていくのである。

ポーランドとハンガリーの転換

口火を切ったのはポーランド人たちだった。一九八一年の時点では、労働組合やカトリックの反対運動は、支配政党である共産党〔ポーランド統一労働者党〕によって力で抑圧された。しかし、グラスノスチとペレストロイカの時代になると、〔党から独立した自主管理労働組合である〕「連帯〔ソリダルノスチ〕」が直ちに再興するところとなった。一九八八年初頭にワルシャワ政府が繰り返し物価を上昇させると、まもなく激しいストライキが発生した。もはやモスクワの後ろ盾を期待できず、新たに戒厳令に訴える用意もなかったポーランド指導部は、いまや反対派を無視できなくなった。

こうして共産党は反対派とともに「円卓」に座らざるをえず、一九八九年六月には下院《セイム》選挙が実施された。それはたしかに、これまでの体制政党〔統一労働者党と衛星政党〕が一定の議席配分〔四六〇議席のうち六五パーセント〔二九九議席〕〕を事前に確保していたという点で、制限された自由選挙であった。それでも、自由選挙枠〔一六一議席〕においては、再び合法化された「連帯」が圧倒的な勝利を収めた。さらに、新設された上院《セナト》についてては事実上の自由選挙となり、連帯は一〇〇議席中九九議席を獲得した。こうして反対派が、議会で多数派を得ていないにせよ、圧倒的な正統性を手中にする一方で、体制側が正統性を失ったことは万人の目に明らかであった。一九八九年八月にはタデウシュ・マゾヴィエツキ〔一九二七〜二〇一三〕が、共産党出身ではない初の首相となった。そして、一九九〇年一月に共産党が解体したときには、もはやポーランドは共産主義国家ではなかった。

ポーランドとともにハンガリーも、ソヴィエト帝国の没落を加速させた。ハンガリーでは、共産主義支配の危機が、支配政党自体からもたらされた。すでに一九八九年一月に、ハンガリー社会主義労働者党は、憲法で保障されていた自らの指導的役割を放棄していた。そして、一〇月初頭に党が分裂する前に、ハンガリー政府は前代未聞のことを成し遂げた。九月一一日、オーストリアとの国境を開放し、東ドイツの危機を先鋭化させたのである。さらに一一月と一二月にチェコスロヴァキアおよびルーマニアで共産党支配が崩壊したときには、東ベルリンのSED体制も、すでに終わりを迎えていた。

2 東ドイツの構造的問題

体制崩壊の三つの要因

ソヴィエト支配の終焉は、東ドイツのSED体制が崩壊した三つの要因――要因を、それなしでは当該事象が起こりえない変数として理解するならば――のうち、第一のものであった。一九七〇年七月にレオニード・ブレジネフ〔当時のソ連最高指導者。一九〇七～八二〕は、エーリヒ・ホーネッカー〔東ドイツの最高指導者。一九一二～九四〕に次のように述べている。「エーリヒ、君には率直に話すから、決して忘れないでくれ。東ドイツは、われわれソ連なしでは、ソ連の力と強さがなければ、存在することができない。われわれなくして、東ドイツは存在しないのだ」。もちろん、だからといって、ソ連支配がなくなれば東ドイツが自動的に崩壊するわけではない。実際、ゴルバチョフがブレジネフ・ドクトリンを否定し、ソヴィエト支配を手放しても、SED体制はまだ崩壊しなかった。SED支配が崩壊するには、第二の要因、すなわち一九八九年に急激に数と力を増大させた、反対派運動が必要だった。そして第三の要因は、正統な東ドイツ社会主義に固執した、旧く硬直した指導部だった。彼らは、自分たちの周囲で起きていることをまったく理解できなかったし、それに対してほとんど反応することもできなかったのである。

これらの変数〔ソ連支配の終焉、反対派運動の台頭、硬直した東ドイツ指導部〕が、三つの構造的な前提条件とぶつかった。それらはSEDにとって、ソ連の支援があれば統御可能だったが、新しい状況のもとでは危険なものとなった。第一は、住民の多数派にとって、SED体制が正統性を欠き、それゆえ国家全体も正統性を欠いていたことである。第二は、東ドイツの対抗イメージとして、自由民主主義的で裕福な連邦共和国〔西ドイツ〕が、変わらず存続していたことである。そして第三は、計画経済の機能不全と〔消費財の〕供給の欠如という問題であり、それが一九八〇年代において明らかに深刻化したことである。

経済の内実

中央計画経済の生来の機能的弱点に加えて、一九七一年にエーリヒ・ホーネッカーがSED書記長に就任して以来、経済政策よりも社会政策を優先したことに起因する負担が増加していた。SEDは、「経済政策と社会政策の統一」というスローガンを掲げ、生活状況の改善によって住民の忠誠を得ようと試みた。党の政治局《ポリトビューロー》のメンバーであり、ホーネッカーの後継者と目されていたエーゴン・クレンツ〔一九三七〜〕は、一九八九年五月に「それ〔社会政策〕は継続されねばならない。なぜならそれこそが東ドイツにおける社会主義だからだ!」と主張している。その社会政策とは、住宅建設に始まり、食料品や公共交通手段への補助金の投入〔による価格の据え置き〕、非生産的な雇用構造を通した労働の権利の保障、そして保養のための制度の拡充にいたる、社会福祉事業の束であった。言うまでもなく、当初からの問題は、その財源をどうするかであった。東ドイツの経済力はつねにその高い期待を下回り、とりわけ西ドイツ経済と比べるとはるかに劣っていた。のちに判明したように、東ドイツの労働生産性は、西ドイツのそれの三〇パーセント以下だったのである。

加えて、一九八〇年代初頭には、ソ連の勢力圏内で経済的な困難が増していた。世界市場で原油価格が上昇し、そのうえ金利が高止まりするなか、ソ連は同盟国への石油の供給を抑制した。これにより東ドイツは急激な流動性危機に陥った。それは、計一九・五億ドイツ・マルクにのぼる、西ドイツによる二つの借款〔バイエルン州首相フランツ・ヨーゼフ・シュトラウスの仲介により、一九八三年と八四年に提供された〕の助けを借りてのみ、克服できるものであった。同時に、外国債務も急激に膨らんだ。緊急に必要な外貨を調達するために、東ドイツ政府は次第に極端な手段に訴えるようになった。たとえば、保存用血液の西側への売却、西ドイツからの廃棄物の輸入、東ドイツのインターショップ〔高級品や外国からの輸入商品を外貨でしか売らない国営商店〕を通した個人保有外貨の吸い上げ、そして〔両ドイツ間で合意した〕規則に基づく西ドイツへの政治犯の「売却」である。

さらに東ドイツは、いかなる犠牲を払ってでも、たとえ製造原価を下回ってでも、西側に輸出せざるをえないと考えた。だが「収益性よりも流動性」というスローガンは、悪循環を導いた。というのも、これで投資は疎かにされ、資本蓄積は使い果たされてしまったからである。革命前夜には、東ドイツにおける生産施設は完全に時代遅れとなり、建造物は老朽化した。技術的に遅れた自動車が走る道路網、型落ちの電車が走る鉄道網、そして通信網は、戦前のレベルにあった。また、褐炭〔低品質の石炭〕の燃焼による大気汚染をはじめ、環境に深刻な負担がかかっていた。

技術革新によって、一九五〇年代から西側の工業国で生じていた経済構造全体の転換も、東ドイツでは遅れていた。重工業と農業――数十年のあいだに西ドイツをはじめとする西側諸国では、構造転換によるサービスセクターの拡大のために縮小した部門――への就労率は高いままであり、東ドイツでは広範囲で経済発展が衰退局面にとどまっていた。最終的に一九八〇年代には、東ドイツは技術的・経済的な発展への足掛かりを失っていた。東ドイツ指導部はマイクロエレクトロニクス革命の意義を認識しており、それに関する国家計画を提示したが、西側諸国の目まぐるしい進展についていくことは不可能だった。東ドイツのマイクロエレクトロニクス計画は莫大な投資の末に廃墟を積み上げて終わり、重ねて問題を先鋭化させた。東ドイツ経済には、世界経済で太刀打ちできる生産品や技術的知識が根本的に欠けていたのである。マイクロエレクトロニクスはその一例にすぎない。

東ドイツ経済の主要な構造的問題は資本蓄積の消耗にあったので、外国債務の急増が中心的な問題となった。債務状況は一九八〇年代初頭ほど危機的ではなかったが、それでも債務超過のために支払い不能となる危険が浮上した。社会主義にとって西側諸国による財政監督は致命的なものとなるため、東ドイツ指導部はいかなる犠牲を払ってでもそれを避けようとした。それゆえ、一九八九年一〇月末に国家計画委員会議長のゲルハルト・シューラー（一九二一～二〇一〇）が秘密裏に作成した文書「東ドイツの経済状況に関する分析および結論」の次の一文は、東ドイツ指導部を打ちのめした。「もっぱら債務をストップするだけでも、一九九〇年には生活水準の二五～三〇パーセントの低下が必須であり、東ドイツは統治不能となるだろう」。

社会における価値観の転換

もちろん、すでにそれ以前から東ドイツ社会では（物資やサービスの）供給状況への怒りが膨らんでおり、それが全般にわたる不満の増大と結び付いていた。一九六一年八月のベルリンの壁構築以来、東ドイツを去る道は閉ざされていたので、住民の大多数はあらかじめ与えられたものと折り合いをつけていた。とはいえ、それは生き方の独特な分裂も伴っていた。多くの東ドイツ人は、公的な空間では服従を示す一方で、それとは切り離された私的な空間に退却し、限定的な自律性をもった〔公的世界とは別の〕並行世界を創り出していた。

この「正常化」(メアリー・フルブルック)のあり方は、供給状況の悪化によって崩壊した。どうしようもないという諦めの気分が広がる一方で、ライプツィヒ青少年中央研究所の所長であるヴァルター・フリードリヒ〔一九二九〜二〇一五〕は、一九八八年に内部向けの調査文書で次のことを確認している。人びとは次第に「自らの主張と人格の承認」、自らの個性と自己決定の承認、そして「生活の楽しみ」を求めるようになっており、行為能力を剝奪しようとする〔党の〕「後見」に抵抗するようになった、と。これは西側の社会で六〇年代から起こった価値観の転換に似ていなくもなく、フリードリヒによれば、この価値観の転換は西側から境界を越えて押し寄せてきたものであった。

その背後には、すでに言及した東ドイツの構造的問題のひとつ、すなわち東ドイツの対抗イメージとしての西ドイツの存在があった。とりわけそれは、西側のテレビを通して流れ込んできた。それゆえ、東ドイツ人にとっての比較の基準は、他のワルシャワ条約諸国ではなく——ワルシャワ条約加盟国のなかでは東ドイツが最も裕福な国であった——、豊かで、まさに一九八〇年代末に好況のさなかにあった西ドイツであった。西ドイツと比べると、供給の欠乏や生活水準の低下が厳しいものに映ったのである。

こうして西側の生活様式が東ドイツに流れ込み、それはまだ果たされていない約束と見なされるようになった。それゆえ、弾圧が予想されたにもかかわらず、個々人が出す出国申請の数は一九八〇年代に飛躍的に上昇した。具体的には、一九八〇年の二万一五〇〇件から、八年後には一一万件を超えたのである。東ドイツ指導部は出国許可数を増やしたが、それは体制への圧力を弱めるのではなく、むしろ強めることとなった。

正統性の欠如と抑圧

ＳＥＤの支配は、いちども自由選挙によって正統化されたことがなかった。加えて党は、自らはつねに正しいという主張を掲げていた。その主張の核心には党の反多元主義的で全体主義的な性格があり、それゆえ異論は反対派《オポジション》〔ないし野党〕として容認されるのではなく、逸脱として抑圧された。「異なる考えをもつ者は敵である」というのが国家保安省〔略称「シュタージ」〕のモットーであり、この省は「敵」を取り締まるためにどんどん拡大強化されていった。

とはいえ、抑圧はＳＥＤ体制の一面であった。同時に体制は住民の同意も求めたのであり、それゆえ服従には報いもあった。つまり、服従すれば、社会的な上昇の機会が与えられるとともに、包括的な社会保障を――たとえそれが西ドイツと比べて低い水準にあったとしても

1989年5月7日の地方議会選挙

──享受することができたのである。それゆえ〔物資やサービスの〕供給状況の悪化は、体制の正統性に関わる真の問題を意味していた。こうした背景から、SEDは正統性の立証を求めていたのであり、だからこそ一九八九年五月七日の地方議会選挙は粉飾されたのである。こうして選挙結果はいつものように捏造された。公式の発表では投票率九九パーセントのうち〔統一名簿への〕賛成率は九八・八五パーセントであったが、実際の反対票は──秘密選挙ではないにもかかわらず──一〇パーセントから二〇パーセントにのぼった〔後述のように、このとき市民運動が教会の支援を得て、非公式の選挙監視を行っていた〕。これが最初の発火点となり、地方選挙後に新たに、そしてかつてないほど広範に反対派が形成されていったのである。

3　反対派運動と東ドイツ指導部の危機

地方議会選の歪曲

一九八〇年代、反対派の人びとは、まずは平和、環境、人権を掲げるグループとして、とくに福音教会を中心にして集まった。そして八〇年代の後半には、ゴルバチョフの改革政策に感化され、民主化運動として結集するようになった。それらは当初せいぜい五〇〇〇人ほどの動員力しかなく、影響力のある政治勢力ではなかった。にもかかわらず、体制は彼らを恐れた。一九八五年に国家保安省の次官が述べているように、「これらのグループのひとつでも」「合法的な組織として定着する」ことに成功したならば、「いわゆる自由化と政治権力関係の不安定化、ブルジョワ・モデルにならった政治的多元主義が出現してしまう」と恐れたのである。それゆえ国家権力は、反対派グループを内部から崩壊させようと試み、遅くとも一九八七年末になると、反対派勢力が存在感を増したことに伴い、厳しい弾圧に乗り出した。

それでも、弾圧が長きにわたればわたるほど、反対派勢力は意気消沈することなく、逆に奮い立った。〔前述の〕地方議会選挙の日、批判的な市民たちは、選挙の進行、とくに票の集計を体系的に監視するために、投票所に立ち会った。公式の投票結果が告知された後、市民権運動家たちは、投票所で告げられた票数の食い違いを訴えた。当局は選挙経過の記録の閲覧を認めなかった。「これはわれわれの問題であり、きわめて遺憾である。もはやあなた方はわれわれから一縷の信頼を得ることも期待できないでしょう！」〔と、ある市民権運動家は述べている〕。

もちろん、それは無視された。そこで市民権運動家たちは、新しい方法に訴えた。抗議アピールや、選挙結果の歪曲に対する告発、そして小さなデモである。それに対して国家権力がとった措置は、旧来のものであった。〔国家保安相ミールケは次のような指令を出している。〕「刑法第二一一条〔選挙結果の歪曲〕に従って申し立てられた告発は、論評せずに受理せよ。そして、告発処理期間が経過したのち、所轄の組織が、犯罪行為を疑わせるような根拠は存在しなかったと回答すべきである。［……］当該決定に対する不服申し立ては［……］却下せよ」。そして、「そうした前提条件のもとで［……］うまく人びとを統制するために、あるいは〔問題となっている〕事態が進展するなかで、それらの人びとに働きかける」ために、「〔体制に〕敵対的、反対的、否定的な人びとのサークルに首尾よく浸透すること」に尽力すべきだとされた。しかし、それまでと違って新しかったのは、これで事が片付かなかったことである。

反対派グループの形成

地方議会選挙は、東ドイツにおける新たな、そしてより広範な反対派の形成の起爆剤となった。多くの場合、ベテランの活動家たちによって個別の先駆的なグループが形成され、それが八月には政治的な結社となっていった。最終的には、九月および一〇月に正式に反対派グループが創設されたが、とりわけ神学者や牧師、そして芸術家や知識人がその代表者となった。

「新フォーラム」のデモ．中央の人物がベルベル・ボーライ(1989年11月4日撮影)

　この局面で最も重要な組織となったのが、「新《ノイエス》フォーラム」である。「新フォーラム」は、意識的に政党としてではなく、社会のなかでの討論を促すための「政治的なプラットフォーム」として設立された。九月九／一〇日にベルリン近郊のグリューンハイデ〔東ドイツの体制を批判して迫害を受けた化学者ローベルト・ハーヴェマンの妻であり、自らも市民権運動家だったカーチャ・ハーヴェマンの自宅があった〕で設立された「新フォーラム」には、とりわけ知識人が集った。たとえば、画家のベルベル・ボーライ〔一九四五～二〇一〇〕、医師で分子生物学者のイェンス・ライヒ〔一九三九～〕、弁護士のロルフ・ヘンリヒ〔一九四四～〕らである。九月一〇日の設立アピールは、思慮深く、議論を巻き起こさないように抑制されていた。それによれば、「われわれの国では、国家と社会のあいだのコミュニケーションが明らかに妨げられている」。それゆえ、「公然と、共同で、そして国全体で」で行われる「法治国家と経済と文化の諸課題に関する民主的な対話」が必要とされているというのである。当面のところ、これは革命的なものとして考えられていたわけではなかった。ベルベル・ボーライは、SEDが改革されれば直ちに「新フォーラムは解散する」だろうと述べている。とはいえ「新フォーラム」は、そもそもまずは許可される必要があった。しかし九月一九日に提出された申請は、政治局の指示に基づいて即座に却下された。けれども、国家側の相当な干渉にもかかわらず、〔設立アピールに〕最初に署名した者たちは、委縮することはなかった。むしろ彼らが遭遇したのは、住民のなかで急速に増大する賛同と連帯の表明だった。

この連帯の波にとりわけ貢献したのが西側のメディアである。西側からの情報は、SED体制による世論統制の効果を失わせ、東ドイツ内での運動の伝播を引き起こした。こうして特定のスローガンが目立つようになり、反対派とその目標および手段が実際の力以上に一体的であるとの印象を与え、「新フォーラム」は、同時期に形成された他のグループに比べて、格段に有名になったのである。

「民主主義をいま」というグループは、物理学者のハンス＝ユルゲン・フィッシュベック〔一九三八～〕、教会史家のヴォルフガング・ウルマン〔一九二九～二〇〇四〕、ドキュメンタリー映画監督のコンラート・ヴァイス〔一九四二～〕らが代表を務めたが、彼らは文明批判を伴うキリスト教社会主義的なアプローチを追求していた。この運動は、西側の消費社会への対抗構想として、当座のところ民主的に改革された東ドイツ社会主義を支持していた。

一方、「民主主義の出発」は、神学者で長年反対派であったライナー・エッペルマン〔一九四三～〕、エーデルベルト・リヒター〔一九四三～〕、エールハルト・ノイベルト〔一九四〇～〕、フリードリヒ・ショールレンマー〔一九四四～〕を中心とし、七月から活動的になった「イニシアティブ・グループ」に端を発するものである。「民主主義の出発」は、さしあたり「新フォーラム」や「民主主義をいま」と政治的に近い立場をとったが、「民主主義をいま」と同様に、「新フォーラム」よりも具体的な政治行動を志向していた。

東ドイツの「社会民主党」も、一九八九年七月末に福音派の神学者マルティン・グートツァイト〔一九五二～〕とマルクス・メッケル〔一九五二～〕によって設立された「イニシアティブ・

グループ」に由来する組織だった。東ドイツの社会民主主義者が一〇月七日に綱領を決議したとき、彼らは自らの組織を断固として政党と理解していた。そして、すでに「社会民主党」という名前が、明白にSEDに対抗するものだった。それは、労働者の統一政党であるというSEDの歴史的な正統性の主張を根底から疑わせるものだったからである〔そもそもSEDは、一九四六年四月にソ連占領地区のドイツ共産党とドイツ社会民主党が合併してできた政党である〕。

これらの反対派グループは、政治参加と市民権の要求、とりわけ言論・集会・結社の自由の要求について意見が一致しており、法治国家的で政治参加を可能にする市民社会という理念において一致していた。こうした考えは、党が社会の上にあって指導するのだと主張するSED国家と対立するものだった。もちろん、その具体的なあり方については〔反対派グループのあいだでも〕明瞭な意見の相違があることが直ちに明らかになるのだが。

一方、すでに社会主義圏の隣国を経由した大量逃亡が始まっていたにもかかわらず、反対派グループは旅行の自由をそれほど明確に要求しなかった。ここに、反対派運動の主流と住民多数とのあいだの溝が浮かび上がるのであり、これこそが「ドイツの秋」の本質的な要点であった。同じことは、〔東ドイツと西ドイツの〕二つの国家が存在することを前提とした民主的な社会主義という反対派の考えにも当てはまる。もちろんこうした考えのみが、その時点では政治的に考えうることの限界であり、公に述べられることの限界であった——一九八九年一一月までは、東ドイツの撤廃やドイツ再統一は議論の対象になっていなかったのである。

反対派が形成されたとき、当初はそれらが体制を直接的に脅かしうるようには見えなかった。西ドイツの常駐代表〔大使にあたる〕は、東ベルリンのゲッセマネ教会でのベルベル・ボーライの演説を「素人臭い」と感じていたし、イニシアティブ・グループのやり方を「実効的な反対派活動からは〔……〕遠く隔たっている」と判断していた。しかし、まさにその素人っぽい思慮深さによって、形成途上の運動は信頼できるものと思われたのであり、同時に「階級の敵」による攻撃という敵イメージをもったSED体制の防衛機制をかいくぐったのである。

SED指導部の麻痺

一九八〇年代末には、SEDは三つの方向から圧力に晒されていた。これまで通りの西側からの圧力に、いまや東側から——ソ連から——の圧力も加わり、さらに自国の住民からの圧力も登場したのである。この状況に対して党指導部は、自分たちこそが正統であるという主張と、改革への拒否で応じた。東ドイツにペレストロイカは存在すべきではないというのである。そこにロジックがないわけではなかった。というのも、ソ連の改革路線が社会主義体制全般にもたらす危険性、とりわけ東ドイツに必然的にもたらす危険性が十分認識されていたからである。「もし経済的な下部構造が資本主義的に形成されるならば、社会主義的な上部構造は維持されえないだろう」と自由ドイツ労働総同盟の議長ハリー・ティッシュ〔一九二七〜九五〕は述べている。加えて、他のすべてのソ連勢力圏の国とは異なり、東ドイツでは、政権や政体のみならず、国家全体が社会主義イデオロギーに依存していた。国家政党はジレンマに直面した。改革すればSED国家を危険に晒すが、同様に改革を拒否することもSED国家を危険に晒す――そして第三の道を見出す能力は彼らにはなかった。

その代わり、七六歳のエーリヒ・ホーネッカーは、次第に偽りの世界に退いていった。それは、彼が一九八九年五月〔二二日〕にポーランドの国家評議会議長ヤルゼルスキ〔一九二三〜二〇一四〕と会談したときに示された。ホーネッカーいわく、一九八九年の一月から四月のあいだ、東ドイツの国民所得は四・一パーセント上昇し、労働生産性は六パーセント上昇した。一九八九年五月一日〔のメーデー〕ほど「歓喜と自信が表明されたのは体験したことがない」。それゆえ、「われわれに敵対的な考えをもった勢力」が推奨していること、すなわち「ソ連のように社会秩序を根本的につくり変えること」をわれわれは撥ね付けるのだ、と。また、このときホーネッカーは、西ドイツと比べても、東ドイツは「大きな力」をもっているとも述べたのである。

危機が先鋭化した一九八九年夏、ホーネッカーは、胆石疝痛《せんつう》、そして胆嚢および腸の手術のため、三か月近く職務を離れていた。自らの地位が脅かされることを防ぐため、ホーネッカーは自身の代行をエーゴン・クレンツとギュンター・ミッターク〔一九二六〜九四〕に分配したが、このことは党首脳部をさらに麻痺させた。もちろんそこでは、当座のあいだ通常運転が装われた。依然として東ドイツの中心的な政治決定機関であった政治局は、このとき〔小型オートバイの〕モーキックS51／1の新たな開発と、電話機、屋根葺き用板紙、ブラジャーの供給に取り組んでいたのである。東ドイツで台頭してきた反対派は、古典的な敵のイメージと言葉遣いのパターンに従って、「反対者」、とりわけ「反動的な教会のサークル」から成る「敵対的な反対派の連合」と認識された。

ようやく八月二九日になって政治局が情勢を議論したとき、この国で高まっている動揺の責任は「ドイツ民主共和国の敵による陰険で敵対的な攻撃」にあるとされた。閣僚評議会議長〔首相〕ヴィリー・シュトーフ〔一九一四〜九九〕は「供給を安定させること」と世論工作を「より多面的に」することに最終的な解決策を見出したのだが、彼はそもそも問題の次元を見誤っていた。それどころか八月末になってもなお政治局には、状況を掌握しているという揺るがぬ確信が支配的であった。八月半ばに短期間だけベルリンに戻っていたエーリヒ・ホーネッカーは、

「雄牛も驢馬も社会主義の進展を止められない」というのが「ドイツ労働運動の昔からの理解である」と述べたのである〔ここでの「雄牛と驢馬」は「社会主義を拒絶する愚かで無知な者」の意。ヴァイマル共和国時代のドイツ共産党の選挙スローガンに由来する〕。

高まる危機に対する建設的な戦略がここから生じようはなかった。また、政治指導部には、武力によって断固として運動を抑圧する心構えもなかった。ギュンター・ミッタークの次の言葉は、続く数週間で露呈する党および国家指導部の無力さを典型的に暗示していた。「ときどきテレビを叩き壊したくなるが、そんなことをしても意味はない」。

では、党の「盾と剣」であり、国家全体を監視していたシュタージはどうだったのか？　実のところシュタージは、党指導部よりもはるかに早く、またはるかに現実主義的に状況を把握していた。しかし同時に、シュタージ関係者たちも、台頭してきた運動を根本的に理解できないままだった。それは言葉の上にも表れていた。彼らも、報告書のなかで反対派グループを、「敵対的でネガティブな」勢力、「反革命的な」勢力、「扇動者」、「無法者」から成る「叛徒」といったように、ありきたりな言葉遣いで呼んでいたのである。こうした認識や思考や発言のパターンは現実の展開にますますついていけなくなり、その〔認識と現実との〕ギャップは組織のトップに近いほど大きなものとなった。このことはエーリヒ・ミールケ〔国家保安相。一九〇七～二〇〇〇）の発言が証明している。ミールケは、八月三一日の国家保安省幹部の会議上で、東ドイツから難民が流出する理由について次のように考えを巡らせていた。「彼らは社会主義の利点や恩恵のすべてを分かっているのだが、にもかかわらず去ろうとしている。彼らは社会主義の利点を当然のことと考え、それを無視し、口実として他のあらゆる理由をもち出す。だから彼らは去ろうというのだ。では、われわれの仕事は効果的なのだろうか？　わたしは単に国家の保安についてだけ言っているのではなく、その政治上の効果について言っているのだ。われわれは、われわれが提案できること、改善せねばならないことを探し求め、見つけ出したいと思っている。〔……〕まあ、いいだろう。もちろんそれは難しい」。

シュタージは国家の安全を保障することはできなかった――逆である。シュタージのメンバーは監視のために反対派運動に参加しており、実際に国家保安省は十分に情報を得ていた。しかし、非公式協力者たち（シュタージに情報を提供していた民間人のこと。ドイツ語の頭文字をとってIMと呼ばれる）は、目立たぬように行動した結果、運動を崩壊させる代わりに、阻止すべき運動の発展に寄与した。かくしてシュタージは、結局のところ、彼らが維持しようとした体制の崩壊に貢献したのである。異常なほど巨大であった機構は、まさにこの瞬間のために生み出されたというのに、無力を曝け出したのである。

第2章

平和革命

ベルリンの壁の崩壊(1989年11月10日撮影)

1　難民危機

パンヨーロッパ・ピクニック

市民運動が東ドイツのSED体制を倒す前に、それ以外の道——言葉通りの意味での道——で事態が展開していた。ハンガリーを経由した出国の道である。この南東欧の国は、すでに一九八九年五月二日から、オーストリアとの国境にあるバリケード〔鉄条網〕の撤去を開始していた。このことは、センセーショナルな事件として回顧されるが、当時はそれほどではなかった。なぜなら、国境が開放されたわけでもなければ、検問が撤去されたわけでもなかったからである。むしろ〔旅行に関する〕規則は効力を保ったままであり、それゆえ東ドイツ市民がハンガリーを経由して西側に出国することは禁じられていた。もしハンガリー経由で逃げようとして捕まってしまえば、捜査調書とともに東ドイツに引き渡され、そこで「共和国逃亡者」——たいていは数年にわたる軽懲役刑〔東ドイツ刑法第二一三条〕となる——として扱われることになっていた。

こうした実務上の取り扱いは、一九八九年のあいだに次第に緩和された。捕えられた難民は、もはや自動的に東ドイツに引き渡されることはなく、またそのことが旅券に記されることもなかった。この問題は休暇シーズンとともに危険なものとなった。例年通り、東ドイツの休暇旅行者の多くがハンガリーに流れたからである。一〇〇人以上の人びとが、ブダペシュトの西ドイツ大使館を通して出国を試みた。他方で、大使館には向かわなかったが、東ドイツにも戻ろうとしない東ドイツ市民がハンガリーで数千人にのぼった。

この状況下で、ハンガリー＝オーストリア間の国境沿いにある町ショプロンで「パンヨーロッパ・ピクニック」が開催され、国境のゲートが象徴的に開かれることが知れ渡った。この機会をとらえて、八月一九日に六六一人がオーストリアへと逃亡した――これが、一九八九年秋に頂点に達する、あの劇的な諸事件の最初のものとなった。パンヨーロッパ・ピクニックから三日後、新たに二四〇人がオーストリア＝ハンガリー間の国境を越えたが、このときは〔パンヨーロッパ・ピクニックのときと違い〕国境警備隊との事前の申し合わせはなかった。事態は先鋭化し、翌日には国境警備隊が武力で新たな越境を妨げ、多くの難民が負傷することになった。ワルシャワ条約における自らの義務に鑑み、ハンガリーは、出国を求める東ドイツ市民の大多数に、簡単には出国を認めることができなかった。それゆえハンガリー当局は難民収容所を建設したのだが、公式の情報によると九月三日の時点でそこには五〇〇〇人が滞在していた——そして、そこから新たに一日五〇〇人のペースで毎日難民が到着することになった。

ハンガリーによる国境開放

SED指導部は問題の解決に何の役にも立たなかった。彼らは、動きは鈍く、またいつもながらの正統主義的・イデオロギー的な反応を示した。それゆえハンガリー指導部は、ボンに目を向けた。八月二五日、閣僚評議会議長ミクローシュ・ネーメト(一九四八〜)と外相ジュラ・ホルン(一九三二〜二〇一三)は、西ドイツ首相ヘルムート・コール(一九三〇〜二〇一七)および外相ハンス＝ディートリヒ・ゲンシャー(一九二七〜二〇一六)とボンのギムニヒ城で極秘会談を行った。ゲンシャーの手になる議事録によれば、ネーメトは率直にハンガリーの厳しい経済問題を議題にした。ハンガリーが改革路線を継続するためには、西側からの支援が緊急に必要である、と。その対価としてハンガリー政府が、ハンガリーに滞留している東ドイツ市民の問題について助力を申し出たであろうことは——たとえ議事録に記載されていなくとも——明らかである。

八月末、ブダペシュトは東ベルリンの指導者たちに無理やり決断を迫った。もし東ドイツが九月一〇日までに解決策を講じなければ、ハンガリーは東ドイツとの二国間協定を破棄し、難民を出国させるというのである。

オーストリア＝ハンガリー間の国境を通過する東ドイツ難民(1989年9月11日撮影)

しかし、東ドイツ指導部が用意できたのは、ハンガリーにいる出国希望者たちが帰国した場合、刑罰や迫害を免除すること、そして彼らの出国申請に早急に対応することを認めるくらいであった。これはブダペシュトで問題になっている事態を解決するものではなかった。

こうして一九八九年九月一一日にハンガリーはオーストリアとの国境を開放し、同月末までに三万人の東ドイツ人がハンガリーを経由して西ドイツに移住した。彼らの多くは、不満を抱えていたものの、公然と体制に反対しなかった各分野のエリートであった。終戦直後、ソ連占領期、そして一九四九年(東ドイツ建国)からベルリンの壁構築(一九六一年)までの時期と同様、そうした人たちが東ドイツ領域を去ることは、供給不足を先鋭化させた。同時に、西ドイツのメディアは、東ドイツからの大量逃亡を同国に伝え、逃亡に成功した者たちの幸運を絶え間なく報じた。これらすべてのことが、不満をいっそう蔓延させた――そして、東ドイツがハンガリーへの旅行許可をもはや認めなくなったため、出国の渦はプラハとワルシャワに移った。

西ドイツ大使館を経由した脱出

九月末、大使館に押し寄せる難民の数は爆発的に増えた。プラハの西ドイツ大使館では、九月二六日の時点で一〇四六人だった難民が、四日後には約四〇〇〇人に増えた。ワルシャワでは、九月二九日に難民が六〇〇人を超えていた。建国四〇周年記念式典を目前に控え、西ドイツ大使館に押し寄せる難民のイメージによって式典に影を落としたくなかったSED指導部は、今回はより柔軟に振る舞った。九月三〇日にSED指導部は、その翌日に難民庇護申請者を特別列車に乗せ、東ドイツの領域を通過させて西ドイツへ出国させることを申し出たのである。長い交渉ののちプラハに飛んだゲンシャー外相が、大使館にいる人びとに「本日、ドイツ連邦共和国へのあなたたちの出国は目前に迫っています」と伝えたとき、そのメッセージの後半部分は止まない大歓声でかき消された。

九月三〇日のうちに、最初の列車がチェコスロヴァキアの首都を出発した。自国領域の通過を許可することによって、東ドイツ指導部は、出国者たちの身元を確認する機会を確保しようとした。しかし、そのことはかえって損失となった。というのも、列車の通過は、指導部の降伏を国民の前にはっきりと示すことになったからである。それに対してエーリヒ・ホーネッカーは、一九八九年一〇月二日付の『新しいドイツ』〔当時はSEDの党機関紙〕の自ら編集した記事で、彼らに「いささかの未練も」もつべきではないと呼びかけた。

しかし東ドイツ指導部は、この出国許可という「人道的行為」によっても、いまだ問題を解決できたわけではなかった。すでに列車が出発した翌日にも、プラハの大使館には六〇〇〇人の難民が集まり、さらに多くの人びとが近隣にいるか、大使館に向かう途上にあった。一〇月四日に再度の特別列車が東ドイツの領域を通過した。このときは、線路沿いの徐行区域、そしてとりわけドレスデン中央駅で、出国希望を拒否された人びとが列車に飛び乗ろうとして、暴力的な騒動にいたった。

同じころSED政治局は、チェコスロヴァキアとの旅券およびビザ免除の交流を中止し、「チェコスロヴァキア社会主義共和国およびポーランド人民共和国との国境を［……］全域にわたって統制下に置く」ことを決定した。つまり、国境を閉じたのである。逃亡の波を阻もうとして、チェコスロヴァキアへの旅行に際してビザ取得義務を導入したわけだが、これは東ドイツ住民の激しい批判に遭遇した。SED党員からさえ批判の声が上がり、内政状況はさらに先鋭化した。大使館に押し寄せた難民に出国を許可することによって圧力を逸らそうという指導部の計算はうまくいかなかった。一〇月には、もはやスローガンは「われわれは出ていきたい！」ではなくなっていた。代わりに「われわれはここにとどまる！」が新たなスローガンとなり、それは体制への脅迫のように聞こえた。難民危機が体制危機に転化したのである。

2　体制危機

大衆デモの広がり

一〇月四日から五日にかけての夜にドレスデン中央駅で起こった騒擾〔前述〕によって、難民危機は東ドイツ国土全体に燃え広がった。すでに一九八九年九月にはライプツィヒで、難民流出と連動するかたちで、最初の抗議集会が開催された。それに対して国家権力は厳しく応じた。九月一一日に八九人を逮捕し、そのうち一九人に六か月以内の禁固刑を宣告したのである。しかし、こうした措置は威嚇としてあまり機能せず、むしろ連帯を促し、九月二五日にはデモ参加者が五〇〇〇人を超えることになった。デモは自発的に起こったものであり、公式のアピールもなく、はっきりとした指導部もなく、目立った反対派グループのメンバーの参加もなかった。すでに組織化された反対派運動とはまた別に、大衆運動および大衆デモによって、第二の、固有の市民運動の潮流が東ドイツ内に現れたのである。

決定的だったのは、東ドイツ建国四〇周年記念日（一〇月七日）前後の日々である。公式の記念式典が行われているあいだ、数万人の人びとが、東ベルリンや他の大都市で、さらにはより小規模な地域においてもデモに参加した。国家権力は、一〇月七日および八日に東ベルリンやドレスデンなどで、デモ参加者に対して情け容赦ない暴力を振るった。すでに九月二二日にエーリヒ・ホーネッカーは、「これらの敵対的な運動は萌芽のうちに摘み取らねば」ならないと指示していた。また、四〇周年記念式典の保安のため、あらかじめ国家人民軍（NVA）が動員され、一〇月六日から九日のあいだには高度の戦闘準備態勢をとるよう命じられていた。エーリヒ・ミールケは、行動部隊の指揮官たちに「あらゆる適切な手段の投入」を求めていた。

一〇月九日、ライプツィヒ

かくして、一〇月九日のライプツィヒの月曜デモについては、大きな衝突が予想されていた。

東ドイツ指導部は――一九八九年六月〔四日の天安門事件のとき〕に彼らが明確に連帯を表明した――「中国式解決」に訴え、軍事力で抗議運動を鎮圧するのだろうか？　もしそうなれば、それはきわめて大きな危険を伴う破れかぶれの行為となり、予測のつかない結果をもたらしただろう。少なくともエーリヒ・ホーネッカーには、その準備があったようだ。八〇〇〇人の武装した勢力――人民警察、国家保安省の戦闘部隊、武装民兵隊、そして一五〇〇人のＮＶＡの予備軍――が、一九八九年一〇月九日にライプツィヒの中心街に配置され、五〇〇〇人の「社会的勢力」――ＳＥＤ党員や国家機関の職員および協力者――がデモのなかに紛れていた。しかし、決断のときが迫ると、責任者たち――現場の、そして連絡がとれた場合には東ベルリンの者も――は公然たる軍事力の投入に尻込みした。

一〇月九日の夕方、ニコライ教会で平和のための祈禱が行われているあいだ、この決定的な数週間に市民運動を結集することになるスローガンが生まれた。教会の前で待機していた群衆が「われわれは無法者ではない」と唱え、ホーネッカーが押し付けた犯罪者の烙印を拒絶する一方で、何人かの人びとが「われわれこそが人民だ！(Wir sind das Volk!)」というシュプレヒコールを叫んだと言われている。これは、市民運動が社会主義体制の権力者に対して人民主権を要求するためのスローガンとなった。また、「非暴力(Keine Gewalt)」が、市民運動のもうひとつのモットーとなる。蠟燭をもち、祈りを捧げ、平和を好む人びとというのは、国家指導部や治安部隊の予想や行動様式、そして彼らの敵イメージや言語パターンを裏切るものであった。これにより、体制側はますますお手上げ状態になった。

ニコライ教会で平和のための祈禱が終わったあと、一八時一五分から三〇分のあいだに、はっきりとしたリーダーがいないまま、デモが始まった。そして結局、投入されていた保安部隊は、想像を超える数のデモ参加者に飲み込まれた。保安部隊の指導者は「部隊の身の安全の確保」を優先することとなり、こうして七万人のデモ参加者が、妨害されることなくライプツィヒの中心市街地を越えて行進し、シュプレヒコールのなかで「新フォーラム」の許可、改革、自由選挙、指導部の交代を要求したのである。

1989年10月9日，ライプツィヒの月曜デモ

この「ライプツィヒにおける国家権力の降伏」(ハンス＝ヘルマン・ハートレ)によって、体制側は、大衆デモや市民運動を暴力で鎮圧する最後の可能性を逸した。いまや抗議

の声は、それまで体制に忠実だった市民や、SEDおよびその諸組織のメンバーにまで広がっていった。シュタージの報告書によれば、多くのSED党員が、「もはや党や国家の指導部は、状況をリアルに把握することもできなければ、喫緊に必要な変化のために適切な措置をとる能力もないと、明け透けに」語るようになっていた。その間にも、一〇月一六日には一〇万人を超えるデモ参加者が街頭に出て、横断幕を掲げ、シュプレヒコールを唱え、自信に満ち溢れて行動していた。もはやSED指導部はこの国をコントロールできず、数週間のうちに混乱のなかで解体状態に陥った。そもそも、政治局のなかで事態の深刻さを理解していたのは、最後までごくわずかの者にとどまったのである。

ホーネッカー失脚

「自己批判は何の役にも立たない」――政治局が一〇月一〇日および一一日に異例の一五時間にわたる会議を開いたとき、ホーネッカーは状況をこう評した。相も変わらず彼は、周知の決まり文句とお馴染みの数値で、東ドイツおよびSEDの成果を総括した。経済政策と社会政策の統一、労働生産性と賃金の改善、住宅建設と「託児所」(とホーネッカーは手書きで書き加えている)の増設、一子につき一〇〇〇マルクの出産助成金、子女養育補助金と年金といった具合である。彼が挙げた成果は物質的なものに尽きており、社会的・政治的な問題については何の意味ももたないものであった。しかし、このとき初めて、ホーネッカーのいる前で、政治局のメンバーたちが党指導部の「発言の無さ」について言及し、SEDは「内部で対話をする」必要があると要求した。

　またもや状況が切迫し、一〇月一七日火曜日の政治局会議にいたった。ある政治局員は、議事録に記されることも顧みず、「SEDの状況はかつてないほどクソだ」とはっきりと述べている。この間、エーゴン・クレンツは行動する決心を固め、他の三人の政治局員と、ホーネッカーを失脚させることで合意していた。会議が始まってすぐ、ヴィリー・シュトーフが解任動議を提出し、明らかに何も予期していなかった書記長を驚かせた。続く討論でホーネッカーは、それまで忠実だった同志たち全員が彼に背いていくのを体験せねばならなかった。とりわけホーネッカーが非難されたのは、難民について「いささかの未練も」もつべきではないという

ホーネッカー(右)とクレンツ
(1986年撮影)

彼の発言であった。「悲しい」ことだが「エーリヒは何も理解していなかった」とクレンツは表明した。そして、エーリヒ・ミールケは完全に諦めて次のように述べた。「われわれは戦車で砲撃を始めることはできない。エーリヒ、これまでだ。わたしは受け入れよう」。終わりにホーネッカーが、書記長として最後に、共和国と社会主義について、敵対者について、そして経済政策と社会政策の統一、国民所得の上昇、「電話機一〇〇万台の生産能力」について語った。ホーネッカーは、ひとつだけ正しいことを言った。自分を解任しても「何も鎮まることはない」と。

クレンツの「対話」路線の失敗

政治局会議の翌日、SED中央委員会が開かれ、エーゴン・クレンツを新書記長に選出した。クレンツは「転換」と「対話」を約束した――ただし二つの条件のもとで。すなわち、第一に、「東ドイツの社会主義を引き続き強化し[……]われわれが獲得してきた共通の成果を犠牲にしないこと」、第二に、東ドイツを「主権国家」として維持すること、である。クレンツは、若干の政策内容の修正と人事異動によって、再び主導権を握ることができると期待していた。しかし、事態は逆方向に進んだ。ホーネッカー失脚は、SED支配の融解プロセスをさらに加速させただけだったのである。

〔真理を独占しているという〕確信が消滅し始めた。ドレスデン県の第一党書記だったハンス・モドロウ〔一九二八～　〕は、「真理とともにわれわれは進む」という『新しいドイツ』の見出しを批判した。なぜなら、SEDは「真理をめぐる対話を指導する」ことを望んでいるからだというのである。これに対し国防相のハインツ・ケスラー〔一九二〇～二〇一七〕は、平静さを失って「それでもわれわれは真理をもっている！」とモドロウに向かって叫んだ。喝采のなか、モドロウはこう答えた。「ああ。しかしハインツ、わたし自身は、われわれがいかなる問題についても真理を手にしていることを出発点にはしないのだよ」と。しかし、唯一の真理を所有しているという確信は、SED国家全体のイデオロギー的な生存基盤だった。このことはゴルバチョフも認識していなかった。しかし彼は、「信念を失うならば、すべてを失うことになるだろう」ということは理解していた。

それに対してクレンツは、SED支配を「対話」によって救済しようと試みた。この「対話」という概念は、教会や反対派運動に由来するものであった。それゆえSEDは、これにより市民運動と同じ土俵に足を踏み入れた――そして、どうしようもなく守勢に立たされることになった。市民運動が、言語形式と思考のパターンと行動様式を規定する権力を、体制からもぎ取ったのである。いったん変動が始まると、一般に受け入れられてきた発言や思考の枠組みが、あっという間に変化した。党と住民のあいだの溝が、さらに大きく広がった。最も単純なコミュニケーションすら、もはやうまくいかなくなった。ベルリンのルストガルテン〔シュプレー川の中州の博物館島にある庭園〕で催された集会後、エーゴン・クレンツに提出された「その場にいた党員および非党員との対面や話し合いについて」と題する報告書は、次のように確認している。「歓呼で迎えた者は、すぐに「古参の者」との嫌疑をかけられた。改革を好む勢力は誰も歓呼で迎えない。〔……〕「わたしは諸君に感謝する……」といった感謝の言葉を、一部の人びとは尊大だと感じている。〔……〕人びとがわずかでも疑いを抱いているところでは〔……〕策を弄しようとも、彼らは怒りで応えるだろう」。こうして、「党の側から広範な対話を提案し」、「われわれの信頼を回復し、それによって実質的に攻勢に転じるために、思慮深さとリアリズムを示す」という考えは、まったくの幻想であることが判明した。政治集会で「公定の横断幕や手旗」を廃止してみても、何の効果もなかった。

市民運動の絶頂

一〇月九日〔ライプツィヒの月曜デモ〕および一八日〔ホーネッカー失脚〕ののち、抗議運動は雪崩のように国中に広がった。平和のための祈禱、大衆デモ、そして討論集会で、SEDの幹部たちは無力さを露呈した。この時期、市民運動はさしあたり具体的な目標を掲げていなかった。彼らは、ある特定の場所における個々の集団による限定された行動ではなく、むしろ集合的なアクターとして成立していた――これまで禁止されてきた行動へと踏み出すことで、自らの不安を克服することになったアクターとして。そして、ライプツィヒと同様、別の場所でも、まず初めにデモが起こり、呪縛が破られ、大多数の人びとが自らの従順さを克服し、自由への憧れが、これまでの習慣であった不安や諦念に勝るようになったのである。西ドイツ側の情勢報告書〔一一月三日にコールに提出されたもの〕が記すように、「無気力に陥っていた住民たちが、すっかり再び活動的になり〔……〕闘争も辞さず、変化を望むようになった」のである。一〇月二三日にはシュタージも、市民運動が「公共の場に現れることでますます自信を深め」、「政治的な反対派として認められ、活動しようという」意志をはっきりと表明するようになったと報告している。そして一週間後、国家保安省は、反対派運動、とりわけ「新フォーラム」がこの間に「社会のあらゆる主要な領域にくまなく」浸透していることを確認した。ここで重要だったのは、具体的な政治的立場や展望をめぐる議論ではなく、「われわれこそが人民だ」という連帯と政治化の波の高まりと、その勢いであった。

その際、東ドイツにコミュニケーションや利害の調整を可能にする機関が存在しなかったことは特別な意味をもった。この住民と政治制度のあいだに存在した真空は、四〇年にわたって体制の安定を保証してきたものだったが、それがいまや体制の崩壊に拍車をかけることになった。というのも、そうした公共性を担う組織が欠けていたために、反対派グループが、必要な「対話」のためのパートナーとして、直ちに有意義な存在になることができたからである。言い換えれば、反対派は、調停機関を経由して力を削がれることなく、自らの影響力を直接かつ即座に発揮することができたのである。

一〇月の後半には、崩壊しつつある体制に対して、市民運動は自らの価値を認めさせることに成功した。その際に最も重要だったのは、反対派運動と大衆運動の協働であった。一〇月二三日のライプツィヒの月曜デモに参加した人数はおよそ二五万人を数え、一〇月二三日から三〇日までの一週間に東ドイツで開催された抗議集会は一四五件にのぼり、次の週は二一〇件に増えた。その頂点をなすのは、一九八九年一一月四日に東ベルリンのアレクサンダー広場で行われた巨大なデモである。そこでは、〔反対派グループとSEDの改革派との協働という〕新たな勢力配置がすでに浮かび上がっていた。その一方で、大衆運動と反対派の同盟は、その後の決定的な数週間で、再び解消されることになる。

東ベルリンのアレクサンダー広場では、五〇万人を超える人びとの前で、役者〔たとえばウルリヒ・ミューエ〕や作家〔クリスタ・ヴォルフ、ハイナー・ミュラー、クリストフ・ハインら〕、反対派グループの代表者、改革派共産主義者の知識人、そして体制の担い手たちがマイクを握った。このデモは、反対派運動と、それまでは体制に忠実だった知識人と、SEDのなかでも改革を志向する者たちの共通項を代表するものとなった。その際、国家政党の代表者たちは、必死に改革の意思があることを示そうとしたが、デモ参加者によって繰り返し話を遮られ、野次られた。デモを自らの側へと導こうという国家権力のあらゆる努力にもかかわらず、デモの怒りは伝統的なSED支配に向けられ、それまで体制に忠実だった者たちもSED支配を批判した。祝福を受けて登壇したシュテファン・ハイム〔著作家。一九一三〜二〇〇一〕は、次のように演説している。「長い停滞の年月が続いた後、まるで窓が一気に押し開かれたようだ――精神的にも経済的にも政治的にも停滞した年月、陰鬱と沈滞、決まり文句の無駄口と官僚的な専横の長い年月の後に」。

市民権運動はその絶頂にあった。市民運動の「民主主義をいま」は〔パンフレットで〕力を込めて次のように述べた。共和国宮殿〔東ベルリン中心部にあった建物。東ドイツの国会である人民議会の議事堂として利用されるとともに、SEDや国家の公式行事をはじめ、さまざまな催し物に使用された。統一後に取り壊されている）は「五〇万の人びとによって崩された。彼らによって、この一一月の月曜日は永遠に人民主権の日となるだろう。この国の市民は、男性も女性も、彼らの子供たちとともに、この建物を平和的に手に入れ、幸福に輝きながら、テラスから群衆を眺めている。それは、「われわれこそが人民だ！」という非暴力的な言葉がもつ人民の権力によってのみ果たされたのである」。

改革された民主的で社会主義的な東ドイツへの進化という夢は、反対派の人びとにとって、達成目前のように思われた。いわば辞任の波が国中に押し寄せ、一一月七日に閣僚評議会（内閣）が総辞職し、その翌日にはＳＥＤの政治局も全員辞任した。また同日、六週間前には国家権力によって素気なく拒絶されていた「新フォーラム」が承認された。エーリヒ・ホーネッカーが失脚し、エーゴン・クレンツが権力を掌握してから三週間で、東ドイツにおけるＳＥＤ支配は地に落ちた。一一月四日から数日は、市民運動が変革の勝者のように見えたのである。

しかし、予期せぬ成功と予想もしない敗北は、ここでも隣り合わせのものであった。つまりこの瞬間に、またもや劇的な方向転換が生じたのである。その起点は、最終的に一九八九年の「ドイツの秋」の真のアイコンとなった予期せぬ出来事、すなわちベルリンの壁崩壊だった。

3　国家危機

続く出国問題

一九八九年一一月一日、東ドイツは、四週間前に閉ざしていたチェコスロヴァキアとの国境を再び開放した。一両日中にプラハの西ドイツ大使館は六〇〇〇人の難民でいっぱいになった。それにより国境および旅行問題が東ドイツ指導部の喫緊の課題となった。クレンツは、すでに書記長に選出された日に、外国旅行のための法改正を予告していた。その際、クレンツは、東ドイツにとってこの問題がもつ次元を承知していたし、ペレストロイカがまさに〔SEDの〕存在を脅かすような意味をもっていることも明確に認識していた。そのことをクレンツは、一一月一日に就任挨拶のためにモスクワを訪問したとき、ゴルバチョフに知らせている。会談記録にはこうある。「ここ〔東ドイツ〕では、脱イデオロギー化は社会主義防衛の放棄を意味するでしょう。壁や、西ドイツとの国境管理体制のような問題が、改めて問い直されるでしょう。東ドイツは、もはやいまの時代に適合してはいないけれども、引き続き必要なものを防衛しなければならないという、複雑な状況にあるのです」。

それに対してゴルバチョフは、現実主義的というよりも理想主義的に答えた。彼は次のような見解を表明している。「すべてを新たに徹底的に考え直す必要があります。そのための機は熟しています。人びとが自分たちの親戚を訪ねることができるような規定を東ドイツが定めない状況は、東ドイツ社会にとってきわめて不満足なものでしょう」。一九六一年の遮断〔ベルリンの壁の構築〕によって初めて安定することができた東ドイツにとってそれが何を意味するのか、このクレムリンの頂点にいる男は明らかにまだ理解していなかった。

クレンツは旅行法の改正を約束したが、彼は次のことを自覚していた。「われわれがそれを行おうとも、われわれは間違ってしまうだろう」。一一月六日の『新しいドイツ』で公表された法案は、手続き期間、年間の総旅行期間の制限〔三〇日まで〕、そして「不許可事由」がありうることを定めたものとなった。この案は、同日夕刻のライプツィヒの月曜デモをはじめ、いたるところで拒否された。それどころか、さらに情勢を過熱させたのである。

同時に東ドイツ指導部は、チェコスロヴァキア政府からの圧力にも晒された。今回はプラハの西ドイツ大使館の難民たちは、東ドイツ領域を経由することなく、西ドイツに直接出国することを許可された。その結果、週末の一一月四日から五日――東ベルリンで市民運動が勝利を祝っていたとき――にかけて、二万三〇〇〇を超える人びとがチェコスロヴァキアを経由して東ドイツを去った。一一月八日の夜までにその数は四万五〇〇〇人にのぼった。東ドイツの国境は制御できずに穴だらけとなり、プラハの政府は、自国を経由した難民流出を即座に停止するよう東ベルリンに要求した。

一一月八日から一〇日にかけて、ベルリンの壁から五〇〇メートルも離れていないヴェルデルシャー・マルクトでSED中央委員会の総会が開かれたとき、中央委員会の二一五人のメンバーとその候補者たちは、あらゆる方面からの圧力に晒された。すでにその最初の会議の経過が、党の崩壊が進行していることを示していた。まず初めに全政治局員の辞任〔前述〕が公表されたが、クレンツによって提案された新たな候補者のうち三人が否決されたし、辞任者へのねぎらいの謝辞は激しく批判された。そのうえ、東ベルリンではSEDの党員たちが自党の指導部に反対するデモを繰り広げていた。

一一月九日、ベルリンの壁崩壊

総会二日目〔一一月九日〕の一六時ごろ、エーゴン・クレンツは予定されていた議事を中断し、「出国問題」に関する政令の提案を読み上げた。それは昼間に閣僚評議会で作成されたものだった。技術的な細部に関する議論を、クレンツは次のように問うて終わらせた。「賛成だろうか、同志たち？――「賛成！」の声――よろしい。ありがとう」。

SED中央委員会は、いわば急襲によって「チェコスロヴァキア社会主義共和国を経由したドイツ民主共和国市民の常時出国の状況を変化させるための決定」を成立させた。この政令は、展望を欠いたまま交渉圧力を受けた結果の産物であり、明快なものとは言い難かった。たとえば、「チェコスロヴァキア社会主義共和国を経由したドイツ民主共和国市民の常時出国」と名称にあるにもかかわらず、内容は「外国への私的旅行」、すなわち外国旅行全般に関わるものであり、すでにこれだけで矛盾は明らかだった。この政令によると、「条件（旅行理由や親戚関係）を提示することなく〔外国旅行を〕申請する〔ことができる〕」。許可は短期間で与えられる。不許可事由はきわめて例外的な場合にのみ適用される」。常時出国に関しても、ビザは「遅滞なく発行される。その際、さらに妥当な常時出国の条件を提示する必要はない」。どちらの場合においても、依然として文書による申請ならびに許可が念頭に置かれていた――そして、たとえ「短期間」ないし「遅滞なく」許可が与えられるとしても、それは決して、東ドイツ住民が自国の国境を単純に越えてもよいということを意味しなかった。にもかかわらず、この旅行政令はまさに革命的なものであった。東ドイツが自らの国境管理体制を放棄したのだから。

しかし、この決定がいかに重大な結果を招くかを予測できた中央委員会のメンバーはひとりもいなかった。前日に中央委員会書記の報道担当になったばかりのギュンター・シャボウスキ〔一九二九〜二〇一五〕は、そのとき総会の場にいなかった。シャボウスキが記者会見に向かおうとするとき、クレンツが政令のテクストを彼に手渡した。記者会見は、そこから数百メートルほどしか離れていない国際プレスセンターで一八時から行われ、東ドイツのテレビで生放送されていた。明らかにその文書をよく理解していなかったシャボウスキは、記者会見が終わろうとしていた一九時ごろ、旅行問題に関する調整不足の意見を表明するなかで、それを急いで読み上げた。そして、彼が私的旅行の「不許可事由」と「常時出国の申請」の二点に関する文章を読み飛ばしたために、記者会見は緊迫した。

会場は騒然となった。シャボウスキは、この規則はいつ発効するのかという追加質問に対して、文書をめくりながら、「直ちに、遅滞なく(sofort, unverzüglich)」と答えた。そして彼は、政令文書にある通り、「常時出国」は「東ドイツと[……]西ベルリンとの国境検問所」を経由してでも行えると確認した。カメラが回っており、東ドイツの国営放送の生中継がテレビ画面に映し出されたため、混乱が生じた。自分が常時出国について喋っているのか全般的な旅行の自由について喋っているのか理解していなかったシャボウスキも混乱していたが、文書によるプレスリリースがなかったこともあり、記者会見場にいたジャーナリストたちも、テレビの前の視聴者たちも、シャボウスキの口頭での発言に依拠せざるをえなかった。

　いまや事態はひとり歩きし、事件が次々に起こった。一九時〇五分にＡＰ通信が「東ドイツが自国の国境を〔……〕開く」と報じ、二〇時にはＡＲＤ〔西ドイツの公共放送局〕の「ターゲスシャウ」〔当時も現在もドイツで最も視聴されているニュース番組〕もトップニュースでそう伝えた——基本的には正しいのだが、旅行規則の内容から決定的な一歩を踏み出すものだった。その結果、東ベルリン市民が、徒歩ないし車で国境検問所に雪崩《なだ》れ込んだ。じきに「ボルンホルマー通り」の検問所で危険な状況が生じ、二三時三〇分、当直の国境警備員は検問所を開放するしか術がなかった。他の検問所もそれに続いたが、それは西側のテレビ報道によって加速されたものであった。二八年間にわたる完全な遮断を経て、この真夜中にすべての検問所が開放され、夜のうちに西ドイツと東ドイツのあいだの国境検問所も開放されたのである。ブランデンブルク門には検問所があったわけではないが、そこに西と東の双方から人が押し寄せ、壁によじ登った。分断の象徴はその克服の象徴と化し、一九八九年一一月九日から一〇日にかけての夜は陽気な祭りとなった。この場所ほど、東西対立の終焉をはっきりと示すところはなかった。

　かつてベルリンの壁建設、さらにはＳＥＤ国家全体を掌握していたモスクワの指導部にとって、この夜の出来事は完全に不意打ちであった。たしかに翌日の朝、駐東独ソ連大使コチェマソフ〔一九一八～九八〕は、エーゴン・クレンツに対して、戦勝四か国の権限に触れるような、東ベルリンの独断的なやり方について不審の念を表明していた。またモスクワには、壁の開放を取り消そうという野心があるように見えた。いずれにせよ、ソ連外相シェワルナゼ〔一九二八～二〇一四〕がのちに述べたように、たしかに彼やゴルバチョフは「暴力を行使するよう激しく急き立てられた」し、ゴルバチョフ自身、〔東ドイツの事態が〕暴動にエスカレートすることを恐れていた。しかし、最終的にクレムリンは、壁の開放を是認し、引き続き東ドイツを彼ら自身に委ねることを決断した。

SED支配の終焉

一一月九日の出来事によって、SEDは最終的に事態の進行をコントロールできなくなった。旅行の自由とSED支配は、体制の最期まで相容れないものであった。意思決定機関は明らかに混乱をきたしていた。中央委員会総会の三日目は、経済状況に関するゲルハルト・シューラーの歯に衣着せぬ説明で始まった。仰天し怒った同志たちは、この破滅的な状況の責任の所在について議論した。二日前に選出されたばかりの政治局員のうち四人が直ちに辞任した。責任転嫁は、無計画な行動主義、自責、そして大騒ぎへと転じていった。たとえばライプツィヒ劇場の総監督は次のように述べた。「わたしのなかですべてが砕けた。わたしの人生は壊されてしまった。わたしは党を信じていたのに[……]。わたしは同志を信じていたのに！」。一二時三〇分ごろ、エーゴン・クレンツは、この国の状況が「極度に切迫している。パニックとカオスが広まっている」と告げた。その四〇分後、騒然とした状況のなか、会議は予定より早く打ち切られた。

このとき中央委員会総会は「SED行動綱領」を決議したが、それは、政治体制、法治国家、情報政策、メディア政策、経済政策、これらの「ラディカルな改革」や、「大がかりな精神的刷新」、そして独立した労働組合などを予告するものであった。しかしSEDは、そうして大きな歩みを踏み出そうとしても、社会側の目まぐるしい展開についていけなかった。主導権を取り戻すためにいかなる適応を試みても、すべての努力は無駄に終わった。

一一月一三日に改革派共産主義者たちの最後の希望としてハンス・モドロウを首班とする新政府が樹立され、その八日後には東ベルリンのすべての政治集団や政党の代表者たちが円卓会議を構成したが、他方でSEDはあらゆるレベルで崩壊していった。一一月二〇日までに、一五県すべての第一書記と一三人の県第二書記が解任され、一四二人の郡第一書記が辞任し、三人が自殺した（東ドイツは首都の東ベルリンを入れると一五の県 Bezirk に行政的に区分され、その下に郡 Kreis が置かれていた〕。体制にとって最後のとどめとなったのは、一一月末に新聞が、ベルリンから北に三〇キロメートルのところにある、森に囲まれた住宅地区ヴァンドリッツの特権について報道したことである。ここでは、政治局員たちが外の世界とはまったく隔たった暮らしをしていた。このヴァンドリッツの特権に関する報道は、政府外のＳＥＤのなかで、激しい怒りと深い失望を引き起こした。

そして、もはや個別の過ちについて個々の同志が非難されるだけでは済まなかった。取り替えがきく人員や幹部を超えて、つねに正統性の源泉であった党全体が、渦に巻き込まれたのである。一二月一日に東ドイツ憲法から党の指導的役割が削除された。これによりＳＥＤの権力独占――たとえば政府に対する党中央委員会の指示権限――は、憲法的にも終止符を打たれた。二日後、中央委員会は中心的な指導機構を自ら解散することを決議し、かつての指導部のメンバー〔たとえばホーネッカー、シュトーフ、ミールケら〕を除名し、何人かを逮捕した。一二月六日にエーゴン・クレンツは国家評議会議長および国防評議会議長を辞任し、書記長としての彼の時代もわずか七週間で終わった。かつて細部にいたるまで組織されていた国家政党は、混乱のなかで終焉した。〔一二月三日、〕エーゴン・クレンツは最後の中央委員会会議と自らの政治的キャリアを次のように締めくくった。「いまわたしは、わたしが答えをもち合わせていない問題の前に立たされている。中央委員会は解散した。決議はなされた。いまや特別委員会が活動しなければならない。そして、われわれは会議を終えることができる。これでどうだ？」。

一九八九年一二月八／九日の特別党大会で、ＳＥＤはＳＥＤ‐ＰＤＳ（ＰＤＳは民主社会党Partei des Demokratischen Sozialismus の略）に改称した。新設された党幹部会のトップには、グレーゴル・ギジ（一九四八〜）が選ばれた。彼は機知に富み、弁舌の才もある四一歳の弁護士で、反対派グループとの関係も良好だった。ギジとモドロウは、もういちど事態の展開を旧ＳＥＤの手に戻そうと試み、クレンツから距離を置いた。彼らの希望は、歴史的な観点から見れば、決して見込みがないわけではなかった。たとえば一八四八年のときには、諸侯の支配はあっという間に崩壊したものの、その後権力を取り戻した。しかし、一九八九／九〇年に逆行は起こらなかった。事態は不可逆的に進行したのである。

壁の崩壊によって、事実上、ＳＥＤ支配も終焉した。ベルリンの壁とともにドイツ分断のシンボルが崩落し、不可避的に新たなテーマが喫緊の問題になった。つまり、いまや問題は、国家全体の存続となったのである。そして、事態の進展に決定的な役割を果たしたのは、衰弱した体制でも、その崩壊のきっかけを与えた反対派運動でもなかった。

第3章

国民をめぐる転換

ドレスデンの聖母教会の廃墟前で演説するコール(1989年12月19日撮影)

1　市民運動の分裂

反対派グループの当惑

「東ドイツを刷新しようとする少数の人びとと東ドイツを克服しようとする多数の人びととの活動の連携は、歴史的に見てきわめて短命に終わった」と、東ドイツ出身の歴史家ハルトムート・ツヴァール〔一九三六〜　〕は強調している。体制に反対する活動、とりわけ大衆デモは、住民の広範な層の連帯をもたらし、それに対して国家および党指導部はなす術もなく降伏した。その際、市民運動が掲げた異議申し立ての内容がきわめて大雑把なものにとどまっていたことこそ、彼らの合意形成と行動力の発揮を可能にしていた。しかしその後、状況の変化とともに自らの政治的立場や展望の問題が突き付けられたとき、市民運動は崩れてしまった。彼らは、ベルリンの壁の崩壊によって不可避的に議題にのぼった決定的な問題の前に崩れたのである。その問題とは、国民の問題(nationale Frage)である。

一一月四日のアレクサンダー広場で自らの価値の絶頂を経験した「新フォーラム」のベルリン指導部にとって、五日後の国境の開放は行きすぎた事態であった。壁崩壊の多幸感が広がるなかで、彼らは次のように戒めていた。「市民たちよ！　国全体にわたる君たちの自発的で恐れを知らぬ意思表明は、平和革命を始動させ、政治局を倒し、壁を打ち抜いた。しかし、社会の政治的な再建への要求から逸れてくれるな！〔……〕われわれは長いあいだ貧しいままだろうが、それでも悪徳商人や他人を押しのける奴がおいしい思いをするような社会を望んではいない。君たちは政治的な革命の英雄なのだから、出国や、債務を高めるような消費で立ち止まらないでくれ」。

「新フォーラム」は依然として最も傑出した反対派グループだったが、彼らのプライオリティは、改革され、独立した東ドイツに置かれていた。その改革された東ドイツのなかで、市民の立場に立った参加民主主義的な市民社会が実現されるべきであり、「市民が国家による強制や経済的な自己利益や権力政治的な計算によって堕落させられることのない、支配から自由な社会というビジョン」が実現されるべきであった(カルステン・ティンマーの研究からの引用)。実利主義と消費に対する彼らの批判は、まさに反対派運動の広範な部分が、政治的な自由と経済的な自由に塗り潰されている西側のシステムをめざしているのではなく、西側の資本主義とS

EDの国家社会主義とのあいだの「第三の道」、すなわち改革された民主的な社会主義――もちろんその具体的な形は漠然としたままだったが――を模索していたことを示している。

アレクサンダー広場での偉大な日から三週間後、東ドイツの世界は再び根本的に変化した。それゆえ一一月四日の諸勢力は、もういちど自らの意向に沿うかたちで世論に影響を与えようと試みた。作家や教会関係者をはじめとする反対派運動の代表者たちは、一一月二六日に「われわれの国のために」というアピールを出した。それは「連帯した社会を発展させる」ために「東ドイツの独自性」をあくまで主張するものであった。アピールは次のように述べる。「〔その連帯した社会では〕平和と社会的公正、個人の自由、万人の移住の自由、そして環境保護が保証される。［……］あるいはわれわれは［……］われわれの経済的および道徳的諸価値の在庫一掃セールが始まり、遅かれ早かれドイツ民主共和国がドイツ連邦共和国によって独占されることに耐えねばならないかもしれない。［……］それでもまだわれわれには、すべてのヨーロッパ諸国と同等の権利を認め合うなかで、西ドイツに対する社会主義的なオルタナティブを発展させるチャンスが残っている」。

こうしたドイツ統一に対する拒絶的な態度は、必ずしも反対派グループの多数派の意見を代表しているわけではなかった――どのみち反対派グループは意見形成のフォーラムを確立できなかったのだが。しかし、反対派グループは、ドイツ統一に否定的だと公に認識された。それゆえ、急速に増えていた西ドイツとの統一を支持する者たちと、反対派運動とのあいだの分裂は、どんどん深まっていったのである。

ドイツ統一問題の浮上

ベルリンの壁とドイツ内部国境〔西ドイツと東ドイツのあいだの国境〕の崩壊は、西側への門を開いた――そしてそれによってドイツ問題が浮上した。人びとは妨げられることなく東ドイツから西ドイツに旅行し、裕福な国に感銘を受け、自分たちの疲弊した町や村に帰ったのである。一一月一三日、壁崩壊後初の月曜デモがライプツィヒで行われたが、そこで初めて「ドイツ、ひとつの祖国（Deutschland einig Vaterland）」――東ドイツ国歌の歌詞の一節――というシュプレヒコールが聞こえた。この一節ゆえに東ドイツ国歌は一九七〇年代から歌唱されなくなり、楽器のみで演奏されていた。しかし結局、この歌詞がいまや東ドイツ自身に対抗するものとなったのである。さらにこの夜で新しかったのは、ドイツ旗と、「再統一」と書かれた横断幕だった。こうして東ドイツ内でタブーが破られ、「再統一」というテーマが話題にのぼったのである。

一週間後、ある工具職人が、四〇年を経て、もはや社会主義の新たな変種を試みる気などないと表明したとき、彼は長い拍手喝采を浴びた。彼は言った。「もう実験はたくさんだ！　われわれは実験用のモルモットではない」。成功している対抗モデルが近くにあるではないか。自由市場経済とドイツ再統一がただひとつの打開策だ、と。そして、一一月二七日――アピール「われわれの国のために」が発表された翌日であり、ヘルムート・コールの一〇項目計画発表の前日――、「ドイツ、ひとつの祖国」が中心的なスローガンとして定着し、それはマスメディアを通して――数週間前に「新フォーラム」の重要性を高めたのと同じメカニズムで――影響力を著しく高めていた。大衆運動は、国内の改革というプロジェクトから離反し、民主化された社会主義的な独自の東ドイツという構想に背を向けた。そしてその代わり、西ドイツとの即時統一をめざすようになったのである。

この突然の変化、この国民の転換(nationale Wende)(「国民」や「国」の意味をめぐる転換)は、いかにして説明できるのか？　一九八九年秋の信頼できる世論調査はあまり存在しないし、国民統一をめざす思想が東ドイツ住民のなかでどれほど活発だったかを示すデータもほとんどない。とはいえ、統一をめざそうという考えが、多くの東ドイツ人のなかに素朴に存在していたことは確認できる。その際、東ドイツ住民の多数派は社会的・政治的自由よりも経済的利害を優先したのだと、しばしば――批判的で否定的な調子を込めて――主張される。しかし、両者（経済的利害と社会的・政治的自由）は矛盾するわけではないので、そもそもこの二者択一の議論が誤っている。むしろ、自由と豊かさの結合は市民的近代（die bürgerliche Moderne）に深く根付いているのである。そして、ドイツ革命のプロセスでは、この結合についてアクセントの移動が観察できる。つまり、一九八九年秋の第一局面では、国家社会主義的な独裁からの自由という要素が支配的だった一方、再統一一色となった第二局面では、早く豊かになりたいという期待が前面に出てきたのである。

反対派の指導者たちと大衆の乖離

反対派運動の傑出した代表者のひとりイェンス・ライヒは、のちに次のように回顧している。「あたかもわれわれが人民に向かって「さあ、突き棒としてわれわれを使い、門を破れ――それは朽ちて腐っているのだ！」と言ったかのようだった。［……］そして彼らはハンマーとしてわれわれを手に取り、振り上げ、門を破り、その後、無造作にわれわれを脇へ放り投げ、なかへと殺到したのだ」。歴史的な観点から見れば、市民運動の内部分裂はなにも特異なことではない。というのも、まさに根本的な変革の時代には、そんなことがなければ結び付かなかったであろうアクターが団結し、事態を進展させ、その後すぐに再び解散してしまうものだし、そもそも事態を進展させる担い手も短期間のうちに交替するものである。

こうした歴史の見方は、もちろん一九八九年の「ドイツの秋」におけるアクターたちの展望ではなかった。むしろ、ある西ドイツの報告書が述べるように、反対派運動の指導的な人物のあいだでは「雰囲気が急変し、意気消沈する兆しが表面化」した。彼らは、すでに壁の開放直後から、住民の多数派に対して、君たちは純粋に経済的な利害に従い、西側に誘き寄せられているだけだと非難していた。こうして彼らは嫌みたらしくなっていった。ベルベル・ボーライは「模造真珠に喜ぶ原住民」と言ったし、シュテファン・ハイムは「西側のがらくた」を前に「女たちはきゃあきゃあ騒ぎ」、ウールワース〔西側の日用雑貨チェーン店〕が来てようやく規律が生まれたと語った。東ドイツ社会内部の議論が分極化するなかで、モーニカ・マローン〔東ベルリン出身の作家。一九四一〜〕が「飢えた者のテーブルマナーに吐き気を催す、満ち足りた者の傲慢」を非難する一方、マルティン・ヴァルザー〔小説家。一九二七〜〕は西側から大衆運動を擁護した。「数十万の人びとがより良い生活を求めてデモをしている。もし供給過剰の西側の者や、かつて体制と折り合い、旅行の自由の特権を与えられていた東側の者が、デモをしている人びとの動機を消費だけに切り詰めて考えているとしたら、身の毛がよだつほど滑稽だ」

〔マローンは一九八八年にビザを得て家族とともに東ドイツを去っている〕。

一〇月九日から一一月九日のあいだの激烈な展開によって隠れていたものが、いまや目立つようになった。つまり、反対派の主流の人びととデモをしていた住民の多くとでは、考え方が違ったのである。一九七九年に東ドイツ作家連盟から除名された、両ドイツ国家の狭間の作家であるロルフ・シュナイダー〔一九三二〜〕は、アピール「われわれの国のために」が出た翌日、『シュピーゲル』誌〔西ドイツの代表的な報道週刊誌〕にこう書いた。反対派の人びとは「社会的地位の高い勤め人か、芸術家、そして自由に浮動する知識人である。反対派のなかで、労働者層は十分に代表されていない。この労働者たちが、一一月一〇日以来、西側国境を越えて流れ込んでいるのだ。彼らの一般意志(volonté générale)は全ドイツなのである」と。

こうして一九八九年の九月から一〇月における、熱烈だが短かったハネムーン期のあと、反対派と大衆運動は、国民問題に関する架橋不可能な違いのために、再び別れることになった。わずか数週間のうちに、いかに雰囲気が過熱し、分極化していったかは、一二月四日のライプツィヒの月曜デモが示している。そこでは、統一支持派と統一反対派が、互いに「アカ」「ナチ」と罵倒し合ったのである。

円卓会議の成立

この新たな対立ラインは、東ドイツの勢力配置全体を変えた。もはや市民運動とSED体制が相対立しているのではなく、統一支持派と統一反対派の対立、大衆運動と反対派運動の対立が、先鋭化したのである――もちろん個別の運動を見れば、さまざまな転向や結び付きがあったが。そして、さしあたり大衆運動側が指導と方向性を失って停滞する一方、反対派運動は、SED内で改革の意思のある勢力に接近した。この接近の徴候はすでに一一月四日に見られたが、それが明白となったのが「円卓会議」である。

一一月二二日、SEDは、東ドイツに中央円卓会議を設置し、さらに各都市や県に円卓会議を設立することに同意した。SED側に権力の移譲と再配分に関して交渉する用意があったことにより、SEDとの限定的な協力のもと、秩序だった、かつ非暴力的な民主的再出発の可能性が開かれたように見えた。一二月七日に東ベルリンで、教会の仲介のもと、新旧勢力の代表者たちが中央円卓会議に初めて集った。構成は、SEDおよびそれに従属していたかつての四つのブロック政党から三名ずつ〔計一五名〕、七つの反対派グループから計一五名、そして独立女性連盟と労働総同盟から一名ずつとなった。

これにより反対派運動は制度化され、もはや抗議運動を推進する担い手ではなくなった。むしろ逆である。いまや彼らは、抗議運動がエスカレートしてコントロール不可能になる不安に駆り立てられ、その進展の抑え込みをめざすようになった。次いで反対派グループは、東ドイツの既存の構造を救済するために彼らを利用しようとする、ＳＥＤ（ＳＥＤ－ＰＤＳに改称）の試みにも直面した。その一方で、彼ら自身は、彼らが望む新しい民主主義のための具体的で実現可能な構想を展開できずにいた。最も傑出した反対派グループだった「新フォーラム」は、政治的に行為能力のある政党としてではなく、対話のための開かれたプラットフォームとして案出されたものであり、それゆえに統一的な立場を表明するには不向きだったことが、いまや明らかとなった。むしろ、方向性をめぐる内部闘争や、個別の方針での相違が生じていた。こうした情勢のもと、反対派運動は、ＳＥＤ体制崩壊後の東ドイツを再建するために自らの創造力を発展させることができなかった。ほんの少し前には革命を推し進め、ＳＥＤ支配を崩壊へと突き動かした運動が、いまや再び脇に追いやられてしまったのである。

一九八九年一二月初頭に円卓会議が設立されたころには、反対派運動内だけでなく国全体で、ＳＥＤ支配に対する勝利の多幸感が、まぎれもない危機的な雰囲気へと急変した。意見の多様性と批判的な公共圏が定着する一方で、大衆運動の動員力は、国境開放後まもなく失われていった。住民たちは、覚醒したのち、方向感覚を喪失し、彼らのあいだには不安感が広まったのである。

さらに、東ドイツ経済の破滅的な実情に関する情報が漏れ始め、西ドイツとの対照性が日に日に明白となっていった。西ドイツの通貨に対する東ドイツ・マルクの価値はごく短期間のうちに地に落ちた。西ドイツ側の報告が述べているように、風評と陰謀論が蔓延し、無秩序と混乱への不安が高まり、「『自分の身は自分で守れ』という雰囲気」が次第にエスカレートしていった。と同時に、東ドイツは人員的にいまにも失血死しそうであった。というのも、一一月の一日から二〇日のあいだだけでも、一〇万人がこの国を去ったのである。

壁が崩壊し、SED支配が事実上崩壊したのち、東ドイツでは権力の真空地帯が生じた。いかなる方向に事態が進んでいくのかは、一一月後半の時点ではまだ何も決まっていなかった。しかし、東ドイツの維持をめざした円卓会議と反対派運動が行き詰まることは、容易に分かった。なぜなら、大衆運動は別の方向に路線を切り替え、さしあたり運転手がいないままで列車を走らせたからである。この状況でゲームに加わったのが、ヘルムート・コール率いるボン政府であった。

2　西ドイツ政府とコールの一〇項目計画

西ドイツ国民とドイツ統一問題

一九八九年、西ドイツは東ドイツと同様に自国の建国四〇周年を祝ったが、それは「ドイツ・モデル」の「サクセス・ストーリー」に満ちたものであった。この西側の分断国家は、豊かで安定した自由な民主主義を発展させ、さらに八〇年代末には、戦後長く続いた好景気が終わった七〇年代初頭以来の、経済的好況を経験していた。相対的に低インフレのもとで高い成長率を誇り、社会の八割から九割が豊かで、労働市場も八〇年代前半の高失業からは明らかに流れが変わっていた。これらが際限なき自信を高め、その自信を携えて西ドイツは再統一へと向かっていくのである。

ただし、一九八九年秋まで、ドイツ問題は西ドイツ人にとってかなり縁遠いものであった。たしかに西ドイツの建国期には、再統一は近い将来のこととして期待されていた。しかし、戦後の東西対立関係が固定化し、超大国が緊張緩和政策に移行したとき、ボンは現状《ステイタス・クオ》と折り合わざるをえなかった。一九七〇年代初頭の社会民主党〔SPD〕と自由民主党〔FDP〕の連立政権〔ヴィリー・ブラント政権〕による東方政策〔オストポリティーク〕が現状への適応を促した。東方政策は「接近による変化」という根本理念を掲げており、まだ変化への展望をもっていたが、それも時が経つとともに失われていった。

こうして一九八〇年代末の時点で、西ドイツは分断状態に適応していた。一九八七年の世論調査によると、七〇パーセントから八〇パーセントの西ドイツ住民が、長期的な目標として再統一を支持していた――そして、同じ割合の人びとが、再統一を二〇世紀のうちに体験することは不可能だと考えていたのである。その際、意見の違いの幅は広かった。一部の政治的左翼は、再統一という選択肢にはっきりと背を向けた。たとえば、かつての〔ヘルムート・シュミット政権時の〕連邦政府報道・情報局長クラウス・ベーリング〔一九二八〜二〇一四〕は、一九八九年五月に次のように述べている。基本法前文の再統一という概念は「完全に時代遅れ」であり、「「再統一」という言葉遣い」もろとも、歴史の冥界に送られるべきである」と。それに対して、ブルジョワ諸政党〔CDU／CSUとFDPのこと。一九八二年に発足したコール政権の連立与党〕は、ドイツ問題について基本法に従った公式の立場を捨てなかった。コール首相は繰り返し西ドイツの法的立場を公に確認し、ドイツ問題は未解決であると述べた。とはいえ、〔ドイツ政策の〕目的の重心は、領土の統一から、東ドイツ住民の自由と自決権に移っていた。一九八九年九月末の時点で、コールの外交顧問であるテルチク〔一九四〇〜　〕は、自決は「統一を意味しうるが、それは強制的なものではない」とソ連大使に説明している。

コール政権のドイツ政策

一九八二年秋の発足以来、コール政権が追求したドイツ政策は、建前では〔東ドイツとの〕遮断を求めながら、実際的な協力は進めるという、独特なものであった。たとえばそれは、一九八三年と八四年に東ドイツを支払い不能から救った、西ドイツ政府による大規模な銀行借款への保証に現れている〔一三ページ参照〕。他方で、西ドイツ政府は実効的な再統一政策を展開しなかった。一九八九年の晩夏、アメリカの外交官たちがボンでドイツ再統一の可能性について言及したとき、控えめな反応しか返ってこなかった。「われわれがめざしているのは、東ドイツの人びとの状況改善です」と、西ドイツ首相府長官ザイタース〔一九三七〜　〕は米国務副長官〔ローレンス・イーグルバーガー、一九三〇〜二〇一一〕に返答している。

一九八九年秋に東ドイツが危機に陥ったときも、ボンはさしあたり普段通りの協力をするにとどめた。一〇月二三日、コールはジョージ・ブッシュ米大統領〔一九二四〜二〇一八〕に対して、「きわめて多くの人びとが東ドイツから逃げ出すこと」は「わたしたちの利益にならない」し、西ドイツ政府は東ドイツを不安定化させることもめざしていないと述べている。もっとも、一一月初頭にボン政府はドイツ政策の路線変更を行っている。「もし東ドイツが政治・経済状況の根本的改革を確約するならば、われわれには包括的な支援の用意がある」と、コールが政治的条件を付けたのである。具体的にコールは、SEDの権力独占の放棄、独立した政党の許可、自由選挙、官僚主義的計画経済の撤廃、市場経済秩序の構築を要求した。これは、SED体制に自己放棄を要求したに他ならなかった。とはいえ、ベルリンの壁崩壊前夜でも、再統一など誰も期待していなかった。それゆえ、壁の崩壊については、東西の同時代人と同様に、ボンの為政者たちも驚いたのである。

ベルリンの壁崩壊と「一〇項目」の発表

一一月九日、コールは、とりわけ難しい公式訪問のため、ワルシャワに到着していた。というのも、歴史的な重荷を背負ったドイツ＝ポーランド関係が、東西対立という中断期間を経て、再構築を必要としていたからである。晩餐会が始まる前、コールはボンからの電話で、東ドイツがドイツ内部国境を開放したことを知った。夜のうちにコールは、この歴史的瞬間に連邦首相がベルリンにいないことなどあってはならないという結論に達した。ホスト役のポーランド側はあまり喜ばなかったが、コールは、西ドイツ側代表団の何人かのメンバーとともに公式訪問を中断した。一一月一〇日、まずコールは西ベルリンに向かった。そして、シェーネベルク市庁舎前の集会に参加しているあいだに、ゴルバチョフからのメッセージが彼のもとに届いた。ゴルバチョフは、「混乱した状況」を憂慮し、「結果は見通せない」と述べていた。その後、コールはボンに戻って最も重要な首脳たちに電話をかけ（一〇日にサッチャー、ブッシュ、一一日にミッテラン、ゴルバチョフ）、不確定要素を含んだドイツ情勢に対する憂慮を晴らそうとした。

壁の崩壊後、ヨーロッパ各国の首都が示した（ドイツ統一に対する）明白な留保の態度を前にして、コールは、さしあたり再統一というテーマについて公に言及することに尻込みした。それは慎重さからとも言えるが、この状況のためのシナリオが、ボンにまったくなかったからでもあった。再統一のための構想もなかったし、Xデーのための計画もなかった。このドイツ政策をめぐる緊急事態は、ボン政府にとっても完全に不意打ちだったのである。しかし、東ドイツのデモで「ドイツ、ひとつの祖国」というスローガンが次第に存在感を増す一方、一一月一七日にハンス・モドロウ首相が（東西ドイツ間の）「条約共同体」を提案したことで、コールは動かざるをえなくなった。コールは、その受け身の姿勢を次第に西ドイツ世論から批判されるようになり、議論もひとり歩きしかねない状況となったからである。こうしてコールは――彼の側近であるテルチクの言葉によれば――「再統一に関する意見形成のリーダーシップを公に握る」ために、攻勢に出ることを決断した。

一九八九年一一月二八日、不意打ち効果をねらって、コールは、連邦議会の予算審議の場で、「ドイツおよびヨーロッパの分断を克服するための一〇項目計画」を公表した。最初の五項目は、東西ドイツ間関係の発展段階を記したものである。すなわち、①〔東ドイツからの流入者への〕緊急措置、②〔東西ドイツ間の〕協働、③〔東ドイツへの〕支援拡大から、④モドロウが提案した「条約共同体」を超えて、⑤「両ドイツ国家間の国家連合的構造」を「〔将来的に〕ドイツにひとつの連邦、すなわちひとつの連邦国家的秩序を創出するという目標」をもって発展させること、である。続いて計画は国際的な次元に移り、国際的な統合プロセス、すなわち、⑥東西関係の進展、⑦ヨーロッパ統合、⑧ＣＳＣＥ〔ヨーロッパ安全保障協力会議〕プロセス、⑨軍縮のなかに、〔ドイツ統一プロセスを〕埋め込むと述べている。最後に第一〇に、「ヨーロッパにおける平和状態」が達成されるべきであり、そのなかでドイツは「自らの統一を再び手に入れることができる」とされた――そのための期間としてコールは、この時点では五年から一〇年かかると見積もっていた。

東ドイツのムードをつかんだコール

一〇項目計画は言葉の上でも内容的にも全方位に向けてよく配慮されていたし、コールはいかなる点についても、周知のこと、あるいは繰り返し表明されてきた西ドイツの（法的）立場を踏み越えなかった。にもかかわらず、それは凄まじい反響を引き起こした。なぜならコールが、政府が公式にドイツ再統一について語るというタブーを破ったからである。いずれにせよ、コールはこのテーマを、いまや決定的なかたちで政治的アジェンダにのせた。そして彼は、東ドイツ住民のムードと、その進行方向を直感的に把握したのである。

再統一に関する正式な人民投票《プレビシット》のずっと前から、コールは、東ドイツの大衆運動と非公式の国民連合を結んでいた。それは（一〇項目発表から）三週間後の一二月一九日、コールがドレスデンを訪問したときに示された。モドロウ首相との会談よりも、反対派の代表者たちとの会談――彼らと西ドイツの首相は打ち解けようもなかった――よりも、コールと東ドイツの住民たちとの直接の邂逅《かいこう》、とりわけ聖母教会の廃墟前での演説が重要だった。歴史的に重要な場所〔ドレスデンの聖母教会は第二次世界大戦時の空襲で破壊された〕で、冬の夜のムードのなかで、入念に演出された演説だった。とはいえ、演出がなくとも、この演説の意義は変わらなかっただろう。コールは、さながら宗教的な拍手喝采を浴び、東ドイツの人びとから、いわば救世主として歓迎された。東ドイツ人の多数派の意思がドイツ統一にあることを確信したコールは、こののち断固たる決意のもと、その統一への意思を政策に転換していくのである。こうしてボン政府は数週間のうちに、大衆運動のエージェントから、決定的な役割を果たすアクターに化したのである。しかし、このドイツにおける統一政治のダイナミズムは、コールの一〇項目攻勢に対する国際的な反応と鋭い対照をなすことになった。

3　各国の反応

ソ連の反応

コールの一〇項目発表から一週間後、モスクワを訪問したゲンシャー外相に対して、ゴルバチョフとシェワルナゼは、外交的な作法も顧みず、コールによるドイツ政策のイニシアティブに怒りを表明し、ドイツ問題に関するソ連の立場を明らかにした。このときゴルバチョフは、コールの一〇項目がまるで「最後通牒」であり、「主権国家の内政事項に対する最悪の無遠慮な干渉だ」と怒鳴った。さらにゴルバチョフは興奮しながら続けた。コールは、あれこれ命令を下し、「陶磁器店にいる象のように」振る舞い〔無神経に動いて物事をぶち壊すこと〕、「明らかにもう行進曲が奏でられていると確信し、すでに進軍を始めている」と。またゴルバチョフは、「こうした無思慮な政策が過去にどこに向かったか」を思い出すと述べ、露骨にドイツの過去をあてこすった。シェワルナゼ外相にいたっては、「ヒトラーすらしなかった」ことだと述べた(なお、こうした発言はすべての議事録に残されているわけではない)。

ゴルバチョフが西ドイツの首相に欺かれたと感じていたことは明らかである。壁崩壊直後の電話会談で、コールは彼に対して、安定を維持すると約束していた。ゴルバチョフにとってそれは、東ドイツの自立性を尊重することを意味していた。ゴルバチョフは、東ドイツの存続を疑わせたくはなかったし、東ドイツがワルシャワ条約機構の加盟国であり続けることも疑わせたくなかった。ゴルバチョフは、少なくとも一九八九年秋には、ドイツ再統一が自らの改革政策やソ連にとって何を意味しうるのかを予感していた。一一月末に彼はフランス大統領ミッテラン(一九一六～九六)にこう言っている。ドイツが統一する日、「ソ連の元

ゴルバチョフ(1989年1月1日撮影)

帥がわたしの地位を奪う」だろう、と。ゴルバチョフは、東ドイツの社会主義が改革されることを望んでいたが、決してドイツ再統一は望んでいなかったのである。

クレムリン――ここでは少数の手に外交政策の決定権が握られている――には、ドイツ再統一に関して基本的に四つのオプションがあった。第一の、極端なオプションは、再統一プロセスを支持し、断固としてソ連の利益にかなうようにそのプロセスに関与することである。第二の、最も簡単ではあるが、ソ連の利害に反しそうなオプションは、再統一プロセスを成り行きに任せ、事態の進行に自らの態度を適応させていくことである。第三は、ソ連指導部が、少なくとも再統一プロセスを遅らせようと試み、どう事態が推移しようとも、とにかく時間を稼ぐオプションである。第四の、もう一方の極端なオプションは、断固たる反対であり、まさに一九八九年末のゴルバチョフが仄めかしたものである。

しかし、ソ連指導部は、この決定的な数か月に、ドイツ政策に関して首尾一貫した立場をとることができなかった。ボン駐在大使ユーリイ・クヴィチンスキ（一九三六～二〇一〇）は、一九九〇年五月にモスクワに戻ったとき、「シュールレアリスティックなアイデアの混乱」を目の当たりにしたと述べている。加えて、ソ連指導部の注意は、ソ連内部における危機の先鋭化に向けられていた。アゼルバイジャンで暴力的な衝突が発生する一方、独立を求めるバルト諸国に対してはモスクワが軍事介入をちらつかせていた。こうした背景のもと、「憂慮し途方に暮れた」ゴルバチョフに対する国内での反発が増大した。「わたしは何をすべきだろうか？［……］痛手はどんどん深くなり、経済は漂流し、人民はその力の限界にある」と、一九九〇年一月末に彼は嘆いた。混乱は、党とその指導部にも官僚機構にも広まった。ゴルバチョフは煮え切らず、空想的で、言語不明瞭であり、シェワルナゼはしばしばひとつの文章のなかでも矛盾に陥った。

イギリスとフランスの反応

一方、ドイツ再統一に対する留保は、西ドイツの同盟国のあいだでも支配的だった。たしかに、西側の戦勝三か国〔米英仏〕は、一九五四年のドイツ条約〔西側三か国と西ドイツとの占領規約を撤廃した条約〕で、「連邦共和国のような自由で民主的な憲法をもち、ヨーロッパ共同体に統合された」「再統一ドイツ」をめざすことを義務付けられていた。しかし、エドワード・ヒース元英首相〔一九一六～二〇〇五〕が述べたように、「それが起こらないだろうと心得ていたから」こそ、西側諸国の政府はドイツ再統一をたやすく支持できたのである。

ドイツ再統一に対するイギリス首相マーガレット・サッチャー〔一九二五～二〇一三〕のきわめ

サッチャー(1990年10月11日撮影)

て強い留保の態度は、ドイツの動乱がゴルバチョフの立場を弱め、彼を失脚させるのではないかという恐れからきていたが、それに劣らず、ドイツに対する根深いルサンチマンにも由来していた。彼女は回顧録で率直にこう述べている。「ビスマルクのもとで統一を達成して以来、ドイツは[……]つねに侵略と自己不信とのあいだを予測のつかないかたちで揺れ動いてきた」。「再統一されたドイツは、ヨーロッパというアリーナにおいて、多くの同輩国のなかの単なる一国と言うには、あまりにも強大な国である。[……]それゆえドイツはヨーロッパにあって、その本質からして、安定ではなく不安定をもたらす勢力なのである。アメリカが軍事的・政治的にヨーロッパに関与し、そしてヨーロッパのあと二つの強力な主権国家、すなわちイギリスとフランスとが密接な関係を築いた場合にのみ、ドイツの強さに釣り合いをとることができるのだ」。

フランスの「政治階級」も、コールの一〇項目に対して、圧倒的に冷淡ないし拒絶的な反応

ミッテラン(右)とコール(1990年4月26日撮影)

を示した。「偉大なる国民《グランド・ナシオン》」のトップにいる人びとのあいだでは、東方の隣人に対する安全保障政策的な憂慮と全般的な不安が支配的だった。そして、そうした憂慮と不安は、超大国、とりわけソ連が、ワルシャワ条約機構の解体とドイツ再統一を防いでくれるのではないかという期待によって宥められていた。ヨーロッパにおけるコールの最も重要なパートナーであったフランソワ・ミッテラン大統領の態度も、謎めいていた。その理由は、彼の「二つの魂」にあった。つまり、彼は自決権には賛成したが、それと結び付いた諸問題には反対したのである。フランス愛国者としてミッテランは、国民というものに対する理解はあったが、同時にフランスの国家安全保障とヨーロッパにおける立場のゆくえを憂慮し、ひとつのドイツに対してフランスが劣位に立つことを恐れていた。フランスの観点からは、すでに〔西〕ドイツは、その経済力と通貨によって、あまりにも他を圧倒する存在であった。

　一二月八／九日にストラスブールで開催されたECサミット〔欧州理事会〕の際、サッチャーとミッテランは二回会談している。サッチャーが伝えるところによれば、ミッテランはドイツの動向について彼女よりも懸念を示していたという。イギリス側の記録では、ミッテランは次のように述べている。「わたしと首相〔サッチャー〕が、つねに前方に進もうとするドイツ人の衝動に対処することを怠った、一九三〇年代の前任者たちの状況〔ヒトラーに対する英仏の宥和政策の破綻を指す〕に再び陥ることを〔わたしは恐れています〕。〔……〕わたしたちは、ドイツ人に「ノン」を言わねばならない立場に再び置かれるでしょう。大きな危険が訪れたとき、フランスは過去、つねにイギリスとの特別な関係を維持してきました。そうした時代が再び到来したとわたしは感じています」。

アメリカの反応

戦勝四か国のなかでは唯一、ドイツ統一を基本的に肯定する立場をとったのは、アメリカだった。ワシントンでは、一九八九年にブッシュ政権が発足していた。ベーカー国務長官〔一九三〇〜 〕が述べるように、ブッシュ政権は、ゴルバチョフの持続的で国際的な「魅力攻勢」によって、国際世論のなかでアメリカが守勢に立たされていると考え、まずは自らの外交戦略の策定に取りかかった。そして一九八九年五月、ブッシュは、「ヨーロッパの分断を克服し、西側の価値に基づいた統一をつくり上げる」という目標を発表した。また、マインツのラインゴルトハレ〔ホールの名前〕では「ヨーロッパをひとつにまとまった自由な(whole and free)ものにしよう」と呼びかけた。統一された自由なヨーロッパは、強制的に分断されたドイツとは相容れない。それゆえ、ドイツ政策の結論は明白である。すなわち、アメリカ政府は「ヨーロッパにおける平和的状況」をめざし、「そのなかでドイツ民族が自由な自決権によって統一を回復する」ことを公然と支持したのである。

ブッシュ(左)とコール(1989年11月15日撮影)

一九八九年の秋にソヴィエト帝国が崩壊したとき、西側の諸価値を掲げたアメリカの攻勢は、伝道的イデオロギーと現実主義《レアルポリティーク》の政治とのあいだの細い道を進んだ。敗者を愚弄することなく、冷戦を西側民主主義の勝利とするためである。それゆえアメリカ政府は、ベルリンの壁崩壊後に、勝利に酔いしれるのではなく、意図的に控えめに振る舞った。またアメリカ政府は、コールの一〇項目に対しては、その翌日に発表した四原則によって応えた。この四原則に基づいて、以後ワシントンはドイツ再統一を支持していく。その四原則とは、自決原則の実現、段階的かつ漸進的なプロセスの進展、ヨーロッパにおける国境の不可侵、そして――とりわけ重要な――統一ドイツのNATOおよびEC帰属の継続、であった。これはまさに、ドイツ統一に関して西側が望みうる最大限の条件を要求したものだった。

国際的な抵抗

第二次世界大戦の戦勝四か国は、ドイツ問題について自らがもつ重みを示そうと考え、一九八九年一二月一一日、ソ連のイニシアティブのもと、四か国の大使級会議を象徴的な場所で開催した――その場所とは、ベルリンの連合国管理理事会の建物であり、連合国管理理事会は、一九四五年に連合国がドイツの国家主権を奪ったのち、連合国の最高機関として設置され、一九四八年にソ連代表の退場によって解散となったものである。そして、(八九年一二月の戦勝四か国大使級会議では)四か国のうち三か国が、ドイツ再統一に対して懐疑的、それどころか拒絶的な態度をとっていた。さらに、他の多くの国の政府も、ドイツ再統一に抵抗した。たとえば、イスラエル、イタリア、オランダなどである。

同じ時期にミッテランは、挑発的に東ドイツを訪問し(一二月二〇～二二日)、彼の外相(ローラン・デュマ)は「われわれは一方の意志と他方の抵抗が衝突する地点にいる」と(フランス議会で」公言した。アメリカ政府までも、「もっと注意深くソ連、イギリス、フランスに接するよう」コールに忠告した。このように、きわめて強い国際的な抵抗に遭遇したため、一二月半ばにコールは、一瞬とはいえ、再統一問題に関する猶予期間を提案しようと考えたほどであった。一九八九年末、東西ドイツ間の動向と国際的な動向は、相当な緊張を伴いながら分岐していた。それが翌年一月に再び合流したのは、何よりも東ドイツで事態が進展したからである。それは、最終的に〔ドイツ再統一の〕反対者たちが抗えないような事実を生み出したのである。

4　終焉に向かう東ドイツ

モドロウ政権の発足

ベルリンの壁崩壊とドイツ内部国境の開放によって、SEDは、東ドイツでの事態の進展を完全にコントロールできなくなった。そして、党が瓦解する一方、制度的な転覆は起こらなかったため、権力の真空地帯が生じた。そこではさしあたり、それまで国家政党によって支配されてきた政府が、東ドイツ内で唯一、行動能力のある機関として残っていた。社会主義的な経済と社会秩序を改革することで独立した東ドイツを維持しようという、SED社会主義の最後の希望は、一一月一三日に首相に就任したハンス・モドロウにかかっていた。

モドロウ政権は、東ドイツの歴代政権と同様に、SEDとブロック政党の連立に依拠していた。モドロウ政権の喫緊の関心は、東ドイツ独自の経済秩序に対応した経済改革に向けられていた。そしてその改革は、社会主義と市場経済のあいだの「第三の道」を進むことで、「人民所有」(「私的所有」と対置された概念。要は国営のこと)と国家の計画および統制機構をできる限り維持すべきものとされた。それゆえ、市場経済的な要素を導入する第一歩は、引き延ばしと抵抗を伴うものとなった。西ドイツの首相府長官ルードルフ・ザイタースは、次のように述べている。SEDは「四〇年にわたって支配的であった、社会主義をめざす機構の改革に手をつけることができた。しかし他方で、「市場経済は不可能だ」という反対派も存在した」と。そして、長年にわたって抑圧されてきた反対派の人びとが、円卓会議で政治に参与する権利を得たとき、彼らの一義的な関心は経済になかった。

シュタージ本部の占拠

一九八九年一二月七日に設立された中央円卓会議は、翌年三月一二日までに一六回開催された。この憲法制度の外にあった即席の会議は、権限的には諮問機関と決定機関のあいだに位置していた。同時に中央円卓会議は、危機を克服するための案を提示し、「自由で民主的な秘密選挙を実施するまで」、三つの中核的な課題を実現するという目標を立てていた。その三つとは、そうした選挙の準備、民主主義的な憲法の立案、シュタージの解体である。まさにこの三つの課題こそ絶え間ない論争と危機の源泉であり、そこにはさまざまな対立線が走っていた。

シュタージ本部（1974年撮影）

たとえば、シュタージの解体をめぐっては、新勢力たる反対派と体制の旧勢力とのあいだの権力闘争があり、また迅速なドイツ統一の是非をめぐっては、反対派運動およびSED-PDS〔＝反対派〕と、SPDおよび旧ブロック政党〔＝賛成派〕とのあいだの権力闘争があった。

円卓会議が招集されてすぐ、「新フォーラム」は「シュタージの国内向けの諸機構を完全に解体すること」を要求した。それに対して政府は、「国家保安局（AfNS）」への縮小によって〔シュタージの中核を〕維持しようとした。同時に、国家保安省の職員たちは、大々的に文書を破棄し、監視措置の痕跡を消し去り始めた。こうした背景のもと、一九八九年一二月までに、県および郡レベルのほとんどすべてのシュタージの出先機関が占拠され、さらなる文書廃棄が阻止された。その一方で、ベルリンのノルマンネン通りにある本部は業務を継続していた。一九九〇年一月三日、反対派の代表者は円卓会議で、シュタージを完全に解体し、その武装解除を証明するよう政府に求めた。さもなければ、円卓会議を去るとの脅しも付け加えた。一月一五日、数万人の人びとがシュタージ本部の前でデモを行い、地域市民委員会の行動が「新フォーラム」の対応や国家保安局の対抗措置と混乱のなかで結び付いたとき、紛争はエスカレートした。デモ参加者たちはシュタージ本部の建物群を占拠し、多大な物損を伴いながら混乱のうちに日付が変わった。

明らかにモドロウ政権の手には負えなくなってきた。この政権は、公共秩序を維持するには弱体だったし、シュタージに関しては不誠実に見えた。SED-PDSに主導権を取り戻す期待を抱いていた時点で、モドロウは、そもそもSED改革政府がもちうる正統性を失っていたのである。「一月一五日」は、政府だけでなく、東ドイツ全体が解体状況に移行したことを示す合図であった。

さらなる経済状況の悪化と移民の波

一九九〇年初頭、東ドイツの生産は一九八九年秋に比べて六パーセント以上も下落していた。その間に〔西側の〕ドイツ・マルクが東ドイツにおける支払い手段となっていき、東ドイツ経済は次第に解体の様相を呈した。一九九〇年一月二九日、ハンス・モドロウは、人民議会でそうした状況を開示した。彼いわく、経済状況は「憂慮すべきほど」悪化し、さまざまな障害が「多くの企業、市民の生活保障、健康維持のための手当てへと連鎖反応を」引き起こしている。そして、そうした緊張は「現在の政治機構ではほとんど制御できない」と結論した。二月五日、『シュピーゲル』誌は「すでに二月には崩壊しそうだ〔……〕東ドイツ経済は全面的破滅の前に立たされている」と警告している。

さらに追い打ちをかけたのが、途切れぬ移住者の流出である。三四万四〇〇〇人の東ドイツ人が、一九八九年に東ドイツから西ドイツに移住した。八九年一一月九日から九〇年末までの移住者の数は二二万五〇〇〇人であり、九〇年の初頭には一日約二〇〇〇人が東ドイツを去った。彼らは東ドイツに何の展望も見出せずに去った。彼らの流出は、東ドイツが自力で生き残る可能性をさらに低下させた。そして、そのことがさらに移住の流れにつながるという悪循環が始まっていた。

円卓会議の苦渋

こうして東ドイツは、平和革命とドイツ内部国境の開放ののち、三重の挑戦の前に立たされることになった。自由で民主的な法治国家となること、東ドイツ人の生活状況を実質的に改善すること、そして西側への移住者の流出を止めること、である。こうした情勢はすべてのアクターの行動の余地を狭めた。そして、SED支配をやり直すことを期待したモドロウ政権にも、独立した東ドイツで社会主義の改革を期待した円卓会議にも、この状況では現実的にチャンスはなかった。彼らは、革命の転換期に典型的な、移行期の現象にとどまったのである。

政府内では、かつてのブロック諸政党が次第に西側志向となり、あからさまに首相から離れていった。それに対しモドロウは、自らの政府の基盤を広げるため、一九九〇年一月一五日に円卓会議に出席し、政府の業務に責任をもって直接参加するよう出席者に要請した。難航した交渉の末、二月五日に従来の反対派から八人の代表者が無任所大臣としてモドロウ政権に入り、東ドイツの行政機構で活動することになった。こうして最後の社会主義者の首相は、一三の政党およびグループから成る連立政権を主導することになったのである。これにより、一方で円卓会議は、没落しつつある不安定な東ドイツの機構のなかで重要性を高めた。しかし他方で、円卓会議の活動は、意見書と決議案の山のなかで、次第に輪郭と方向性を失っていくのである。

そのことは、円卓会議の第二の中心的な課題であった憲法問題にとりわけ示されている。三月五日の社会憲章には、労働権を含む社会政策的な希望を列挙した長いリストが含まれていた――しかし、財政的手当ての問題については未決定のままであった。そして円卓会議は、もはや自らの完全な憲法草案を完成させることはできなかった。その代わり、「東ドイツ新憲法作業グループ」が、三月一二日の最後の会合で「新しい憲法に関する諸見解」を提示し、四月初頭には全体の草案を新たに〔三月一八日の選挙で〕選出された人民議会に送付した。しかし、人民議会の新たな多数派の議員団は、この草稿にほとんど関心を寄せなかった。「第三の道」をめざした反対派運動の構想の遺産は、東ドイツにおける事態の変化に飲み込まれてしまったのである。

西ドイツの優位

そして、西ドイツも、モドロウ政権と円卓会議をどんどん脇に追いやった。二月一日、西ドイツ首相コールは、モドロウではなく、「自由な選挙の結果に基づいた東ドイツ政府」との交渉を望むと表明した。またコールは、モドロウら東ドイツ政府代表団が二月一三／一四日にボンを公式訪問したとき、東ドイツのために一〇〇億から一五〇億ドイツ・マルクの連帯金を支援してほしいという円卓会議の要求を拒否した。議事録によれば、東ベルリンの無任所大臣のひとりマティアス・プラッツェク〔一九五三〜〕が、東ドイツの反対派運動の失望を次のように表明している。「外からコントロールされている印象がある。西ドイツの支援はもっと早い段階で必要だったろう。〔……〕」「兄弟姉妹たち」に策を弄してはならない。一〇月の〔反対派の〕目標が無駄になってはならない」。コールも次のように述べている。「雰囲気は冷え切っていた」、「東ベルリンの代表団は屈辱を感じていただろう」と。一九八九年から九〇年への年の変わり目には、ボン政府の優位性がはっきりと明らかになり、この優位性によって、その後もボン政府は再統一への道を規定していくのである。

東ベルリンの円卓会議は苦い感情に覆われた。円卓会議の全審議を目撃者として記録した西ドイツの政治学者ウーヴェ・タイゼンが述べるように、彼らのなかには「いまや西ドイツに対峙する連帯共同体という、新しい東ドイツ・アイデンティティが生まれ」、「自尊心と防衛機制」が入り交じるようになった。それに対して、東ドイツ住民の広範な層は、ますます西ドイツを志向した。すでに一月初頭のデモにおいてもドイツ統一を支持する声が圧倒的であり、より良い西ドイツ型の生活条件をめざして、焦燥感が広がっていた。「ドイツ・マルクが来るなら、われわれはとどまる。来ないならば、われわれがそちらに行く!」〔一九九〇年初頭のデモで掲げられたスローガン〉。

このもやもやした状況をはっきりさせられるのは――円卓会議の第三の中心的課題だった――自由選挙だけであった。そこで東ドイツ人の自決権が多数決によって表明されるはずだった。こうして一月末、事態の圧力を受けて、東ドイツ史上初の自由な人民議会選挙の投票日が〈当初の予定の五月から〉三月一八日に前倒しされたのである。

5　統一への転換点

西ドイツにおける楽観論

西ドイツには、東ドイツの国民経済状況に関する信頼できる情報は、ほとんど、いやそれどころか事実上まったくなかったと言ってよい。疲弊した建造物、荒廃した設備、老朽化したインフラといった視覚的な印象がある一方、ハンス・モドロウが挙げるように、世界第一〇位の国民経済、一・四兆東ドイツ・マルクの国民純所得（ＮＮＩ）、六二〇万ヘクタールの国有地といった数字も存在していた。さらなる経済発展ができるかどうかも、西側から見ても東側から見ても、判断し難かった。

しかし、西ドイツ政府や、西ドイツ経済界の代表者たちのあいだには、東ドイツの状態は克服可能であり、西ドイツを模範とした市場経済のための条件が創り出されるならば、迅速な上昇、あるいは「経済ブーム」(ヘルムート・コール)が始まるだろうという期待が、基本的には優勢だった――これは、一九四五年以降の「経済の奇跡」と「成功物語」の経験に支えられた、「西ドイツ世代(Generation Bundesrepublik)」の楽観的な期待だった。東ドイツは五年以内に「経済的に花咲く地」に変わるだろうというのが、ヘルムート・コールの固い確信だった。多くの点で懐疑的だったドイツ連邦銀行総裁ペール〔一九二九~二〇一四〕でさえ、たしかに「途方もない移転給付が必要となる」が、「われわれはそうした巨額の前に怯むべきではない。最終的にはドイツはこんにちよりも裕福になるだろう」という前提で考えていたのである。

通貨同盟の提案

そうした楽観的な診断は、迅速なドイツ統一の確立という、まったく予測がつかず、リスクが高い道を突き進むにあたって必要な自信を各アクターに与えた。一九九〇年一月初頭には、東ドイツにおける事態の展開を前にして、〔モドロウが提案した〕東西ドイツの条約共同体はもちろん、コールの一〇項目計画で予定されていた国家連合的構造という中間段階も、省略されねばならないことが明らかになった。その代わり西ドイツ政府は、首相府のメモによれば、一月末から二月初頭にかけて「大きな一歩を踏み出す政策」に移行した。

二月六日、コールは「東ドイツに即刻かつ徹底的に市場経済を導入する改革に基づいた〔両ドイツ間の〕通貨同盟」という提案を公表した。この一歩によって西ドイツ政府は、計画経済から、西ドイツを模範とした市場経済への直接かつ段階なき移行を確定し、東ドイツに金融・通貨政策に関する主権の放棄を要求したのである。ボンの構想は、統一ドイツの構築にあたって西ドイツ・モデルがもつ能力を活かすために、そのモデルへの東ドイツの完全な統合による再統一をめざすものであった。これは同時に、ドイツ統一プロセスのなかで西ドイツ側が短期的に得た優位性を、永続的なものにする可能性があった。なぜなら、経済秩序、社会システム、法制度、国内秩序を西ドイツに適合させるための経済的・行政的知識が、東ドイツには存在しなかったからである。

二か月のうちに、ボン政府はドイツ問題における枢要なアクターになった。一九八九年一〇月および一一月の時点では、まだ東ドイツの市民運動が推進勢力であり、西ドイツ政府はおおむね受け身であった。年の変わり目の移行期、すなわち一一月末の一〇項目計画によるコールの不意打ちから二月初頭の通貨同盟の提案までのあいだに、主導権が次第に西ドイツ政府に移る一方、東ドイツの「第三の道」という構想を抱いた改革社会主義的なモドロウ政権や円卓会議は行き詰まった。しかし、もちろん最終的な結論は東ドイツの人びとが下すべきであった。前倒しされた人民議会選挙――東ドイツにおける最初の自由選挙――は、東ドイツの住民が最大限の自決権を手に入れる機会であった――そして東ドイツの人びとがどう行動するかは、ボン政府が握っていた。投票日の前には、決してそのようには見えなかったのだけれども。

東ドイツの選挙戦

統一プロセスにおける西側の優位は、東ドイツの人民議会選挙戦における西ドイツの諸政党の激しい介入で表面化した。ほとんど組織化されていなかった市民運動や、次第に孤立していった円卓会議の代わりに、東ドイツ社会の政治的なあり方は、政党システムによって表現されるようになった。この政党システムは西ドイツを模範として形成され、そのなかで東ドイツの諸政党は、可能な限り対になる西ドイツの政党と結び付いた。

中核的な役割を果たしたのが「ドイツのための同盟(Allianz für Deutschland)」である。「ドイツのための同盟」は、二月五日、西ドイツのCDUの多大な影響のもと、内部のさまざまな抵抗を抑えて、東ドイツCDU、「民主主義の出発」、ドイツ社会同盟という三つの異なる東ドイツの政治潮流をひとつに糾合したものである。東ドイツＣＤＵは、かつてのブロック政党だが、一九八九年末に社会主義的な考えから解放され、次第に西ドイツＣＤＵにならうようになった。「民主主義の出発」は〔前述のように〕反対派運動から出てきたが、市場経済的で反社会主義的な路線をめざしていた。ドイツ社会同盟は、西ドイツのバイエルン州の地域政党ＣＳＵを範とした政党である。

「ドイツのための同盟」の選挙戦は、ボンのＣＤＵ党中央から強力な支援を得た。ＣＤＵは、西ドイツの大物政治家を大量に投入し、東ドイツのコミュニケーション様式に合わせた西ドイツ型のキャンペーンを展開した。なかでもヘルムート・コール自ら選挙の牽引役となり、選挙戦は「統一宰相」としての彼を中心としたものとなった。西側の選挙戦の様式や言語パターンは、政治的メッセージを、簡潔で明快なスローガンに縮めた。たとえば、「社会主義はもうごめんだ！　自由と豊かさに賛成！」といったように。

西ドイツＦＤＰを模範とした「自由民主主義者同盟」の選挙戦も、西ドイツ側の党中央からコントロールされていた。ここでの牽引役は〔東ドイツの〕ハレ出身の西ドイツ外相ゲンシャーだった。他方で、同盟内の個々の政党、すなわち、かつてのブロック政党であるＬＤＰＤ、新たに設立された東ドイツＦＤＰ、そして「新フォーラム」から分離した「ドイツ・フォーラム党」は、影が薄かった。

一方、東ドイツにおける革命のなかで相対的に自立していた社会民主党〔SDP〕の選挙戦は、それほど西側からコントロールされなかった。彼らは、断トツの優勝候補として人民議会の選挙戦を迎えた。一月半ば、東ドイツの社会民主党は、西側の社会民主党〔SPD〕に名称を合わせ、それ以来、よりはっきりと西ドイツSPDの立場をめざすようになった——ただし、より明確に統一を志向していたが。東ドイツSPDにとって障害となったのは、西ドイツSPD内の不一致だった。西ドイツSPDでは、「長老政治家」ヴィリー・ブラント〔一九一三〜九二〕が統一を支持する一方で、首相候補に選出されたオスカル・ラフォンテーヌ〔一九四三〜〕は、再統一からも東ドイツSPDからもはっきりと距離をとっていたのである。

西ドイツ側の政党の支援を得ずに、「新フォーラム」は、「平和と人権イニシアティブ」や「民主主義をいま」とともに、東ドイツの市民権運動のセンターとして「同盟90」を結成した。彼らは、草の根民主主義(Basisdemokratie)的なオルタナティブをめざし、議論において知的で、きわめてベルリンと関係が深かった。しかし、一九八九年秋には推進力をもっていたこの運動が大衆の支持を得ていないことは、すぐに明らかになった。一方、東ドイツの国家政党の後継政党〔二月四日にSED-PDSからPDSに改称〕も、西側のパートナー抜きで選挙戦を迎えた。

ＰＤＳは、〔ＳＥＤからの〕連続性と新しい方針とが独特に交ざり合ったまま、厳格な社会主義政党であり続けた。党員構造、幹部のメンタリティ、ＳＥＤ的体質、組織のあり方、党資産といった点で連続性がある一方で、とりわけグレーゴル・ギジを中心とした党トップによって新方針が採られたのである。ＰＤＳは、西側に強く影響を受けた選挙戦に適応して、アウトサイダーの立場から最大の成果を引き出した。かつてすべてを支配していた国家政党は、自らをうまく演出することができた。ＰＤＳは、東ドイツのアイデンティティと成果の擁護者として自らを演出し、西側に対する不安とルサンチマンを育んだのである。

「ドイツのための同盟」の勝利

投票日、またもや予期していなかったことが起きた。四八・〇パーセントの票、四〇〇議席中一九二議席を「ドイツのための同盟」が得たのである。そのうち東ドイツＣＤＵだけで、四〇・八パーセントの得票だった。それに対してＳＰＤは、二一・九パーセントの得票、八八議席で、予想の半分以下の結果だった。一方、予想以上だったのがＰＤＳの結果で、投票数の六分の一である一六・四パーセントの票を集め、三番目の勢力〔六六議席〕となった。以下、自由民主主義者同盟が五・三パーセント、同盟90が二・九パーセントと続いている。こうして、ボンの連立政府に対応する「ドイツのための同盟」と自由民主主義者同盟の二つの勢力が、初めて自由に選出された人民議会で安定した絶対多数を確保し、SPDも加えれば、改憲可能な三分の二を手にすることになった。

人民議会選挙によって、東ドイツの人びとは自らの意思を表明した。それは東ドイツ内でドイツ統一への無条件の用意があることを示したのであり、選挙で勝利した者の使命は、自国の事後処理(Abwicklung)と迅速な連邦共和国への編入(Beitritt)となった。東西ドイツ間関係については、四八パーセントの得票というのは、『シュピーゲル』誌が見出しで掲げたように、まぎれもない「コールの勝利」だった。これにより、東ドイツ革命から西ドイツとの統一への急激な転換は、制御を保ちながら、最終的に完遂されたのである。その際、八九年秋にSED体制を崩壊させた東ドイツ人の多数は、責任をコール政権に委譲した――そして、ボンに焚き付けられたこともあり、すぐさま裕福になることを、国家と西側に期待した。統一ドイツにおいて衰えることのない不和と不信は、この再統一の決定的な数週間に端を発するのである。

国際政治のレベルでは、この人民議会選挙は、迅速な再統一に向けた自決権の行使を疑問の余地なく示すものとなった。まだこれだけでは決定打とは言えなかったが、それでも相当な重みをもつメッセージであり、西ドイツの立場は著しく強められたのである。

第4章

再統一と世界政治

「2+4」条約調印(モスクワ，1990年9月12日撮影)

なぜ迅速な再統一が可能だったのか

一九八九年一一月の時点では、迅速なドイツ再統一などありそうもないと、皆が考えていた。ソ連が頑なに拒否していたし、西欧諸国も圧倒的にそれを望んでいなかったからである。しかし、およそ二か月後には、再統一、さらにその迅速な達成が、あらゆる方面から承認されることになる。これは後知恵では自然の成り行きに見えるが、同時代的には決してそうではなかった。むしろ、まったくの逆である。この展開は、ドイツ革命における数多くの予期せぬ方向転換のひとつに数えられる。

それを可能にしたのは、以下の特殊な情勢である。第一に、東ドイツの人びとが、自らの自決権をドイツ再統一のために行使することを望んでいるのが、次第にはっきりとしてきた。とはいえ、もちろんそこから自動的に再統一へと進めるわけではなく、他国が自分たちの安全保障利害を強固に主張した場合には、自決権は限界に突き当たる可能性があった。そうならなかったのは、ソ連指導部の混乱——第二の情勢——のためであり、潜在的な拒否権プレイヤー間の足並みが乱れていた――第三の情勢――ためである。そして第四に、ワシントンがボン政府の政策を支持したこと、第五に、その西ドイツ政府が自らの統一政策を堅持し、連邦共和国の国際的な重要性を効果的に高めたことがある。さらに最後の点として、東ドイツの情勢が指摘できる。すなわち、東ドイツにおける内部崩壊の恐れと大量逃亡によって、政治的に何らかの行動を起こす必要が生じ、そのことで西ドイツ政府は、自らの迅速な行動についての決定的な論拠を手にしたのである。

おまけに、ソ連情勢がどんどん憂慮すべきものとなり、ドイツ統一プロセスをいっそう加速させた。具体的に言えば、ゴルバチョフが権力を失うことへの憂慮である。ゴルバチョフが失脚すれば、ドイツ統一への機会の窓が再び閉じられかねなかった。コールは、自らの状況を「雷の可能性に怯えて、用心のために刈り入れた干し草をしまい込もうとする」農民に喩えた。一〇項目計画を発表した時点では、コールは統一まで五年から一〇年ほどの期間を見積もっていた。しかし、遅くとも一九九〇年五月には、国家統一が年内に達成されうることが、次第に明確になったのである。

そのためには、戦後という時代――一九四五年から四五年経っていた――を終わらせ、同時に将来のヨーロッパ秩序を規定する、多くの決断が下されねばならなかった。国際的なレベルでは、三つの根本的な問題が突き付けられていた。第一は、統一ドイツがどの同盟にいかにして帰属するかという問題であり、これは「ドイツ問題の中核」(ヴァレンティン・ファーリン)と見なされた。またこれには、ゴルバチョフはドイツ統一を売った(あるいはプレゼントした)のかという問題も含まれている。第二は、ドイツとポーランド間の国境問題である。これは、実際には議論の余地がないものだったにもかかわらず、鋭い国際的対立を招いた問題である。そして第三の問題は、ドイツ統一をヨーロッパに埋め込むことである。これには、ボンが再統一のためにドイツ・マルクを犠牲にしたのかという問題も含まれている。

1 「2＋4」と「2＋1」——国際的なプロセス

ゴルバチョフの方針転換

世界政治上の変革の数か月において、東ドイツや〔東欧における〕帝国の崩壊は、クレムリンにとって、ソ連内部の困難に比べれば重要度が低かった。加えて、社会主義を改革する東ドイツというゴルバチョフの目標は、全体的な事態の展開と相容れないことが判明した。それゆえ、ドイツ再統一を断固として拒否するという当初の立場は、長くはもたなかった。そして、最終的に残った選択肢は、成り行きに任せ、事態の進行に受動的に適応するという、ソ連の利害にほとんど合致しないものとなった。ユーリイ・クヴィチンスキ〔ボン駐在ソ連大使〕が述べたように、ソ連の立場から見れば、ドイツ再統一は「日増しに切り札を失っていくような」ギャンブルだったのである。

一九九〇年一月二六日、コールの一〇項目に対する厳しい回答から八週間も経たずに、ゴルバチョフの側近で構成された非公式のサークルは、明らかに事前にしっかりと議論することなく、いまやドイツ統一を所与のものとして甘受することを決定した。そしてゴルバチョフは、「最も重要なのは、再統一されたドイツがNATOに加盟するなどという期待を抱かせてはならないことだ」と述べた。また、ゴルバチョフは、「アメリカも同様に軍隊を撤退させる場合」に限り、ドイツからソ連軍を撤退させることは可能だと考えていた――「しかし、彼ら〔アメリカ〕はなかなかそんなことはしないだろう」〔とも彼は付け加えた〕。こうしてゴルバチョフは、一二月のときのように断固として〔ドイツ再統一を〕拒否するのではなく、いまや「時間を稼ぐこと」と、プロセスを遅らせることをめざすようになったのである。

統一にはイエス、NATO帰属にはノー――ゴルバチョフが二月一〇日にモスクワで新しいソ連の立場を西ドイツ代表団に伝えたとき、最初の突破口が開かれると同時に、中心的な争点が明らかになった。そして、その〔NATO帰属問題という〕争点についてボンは、西欧諸国の政府が自分たちの味方につくであろうことを承知していた。

ミッテランとサッチャー

一方、西側の隣国における予期せぬ厄介なルサンチマンに遭遇し、ボンはまず「フランス大統領の意図についての謎解き」（テルチク）を始めた。一九九〇年一月四日にコールは、ミッテラン——つねに謎めいたスフィンクス——に招待されて、彼の別荘があるガスコーニュ〔フランス南西部〕のラチェを訪問した。コールがのちに回想するように、この会談の当初、ミッテランはいつになくぎこちなかった。今回のドイツ革命以前から、ミッテランがドイツ政策で最も重視していたのは、ヨーロッパ統合の深化であり、それによって——マーガレット・サッチャーも述べていたように——「ドイツという巨人をおとなしくさせる」ことであった。そのための中心的な道具が欧州統一通貨であり、それによってドイツ・マルクの経済的優位とドイツ連邦銀行の高金利を打破するつもりだった。そしてこの点は、ドイツ統一を妨げることがすでに不可能となりつつあるなか、いっそう重要となったのである。こうしてミッテランは、再統一の批判者のなかで、ただひとり具体的かつ建設的な自らの目標をもつ人物となった。この点が、サッチャー英首相との本質的な違いである。「彼はそれ〔ドイツ再統一〕に反対だったが、最終的には条件を提示したのである」と、ミッテランの側近ユベール・ヴェドリーヌ〔一九四七〜〕は述べている。

他方、マーガレット・サッチャーは、一九九〇年三月末、チェッカーズにある英首相の別荘に歴史家やジャーナリストを招き、ドイツ問題を検討するための会議を開催した。そこで専門家たちは、再統一を憂慮すべきではなく、「ドイツ人に対して親切で」あるべきだと助言した。この会議が示したように、サッチャーはドイツ問題についてイギリス国内で孤立していた。外相のダグラス・ハード〔一九三〇〜〕も、ドイツ統一を単に妨害するのではなく、それに建設的に関わることをめざすようになり、次第にサッチャーから距離をとった。ドイツ統一に賛成する決断を下すと、サッチャーは闘争の最前線から退き、国際的なプロセスを具体的に整えていく役目を外務省に委ねた。

「2+4」の始動

一九九〇年二月一三日、オタワで開催されていた会議〔NATOとワルシャワ条約機構の外相が一堂に会したオープン・スカイ交渉〕の場を借りて、東西ドイツ、アメリカ、ソ連、イギリス、フランスの外相レベルで、ドイツ統一の対外的な側面を議論するための「2＋4プロセス」を開始することが発表された。のちにボンもワシントンも、自らがこの（「2＋4」という）方式のアイデアの生みの親だと主張している。いずれにせよ、六か国による会合というアイデアは、曲がりくねったプロセスを、その他のヨーロッパ諸国、あるいは一九四五年にドイツと交戦状態にあったすべての国との講和会議によって座礁させることなく、うまく導いていくために浮上したものだった。と同時に、「4＋0」（戦勝四か国だけでドイツ問題を決定する方式）というもうひとつの極端な選択肢――それを好んだのはフランス外相だけではなかったが――も、真剣な検討の対象とはならなかった。

「2＋4プロセス」は、ドイツ統一を達成するための、国際的なレベルにおける制度化された枠組みを創り出した。それは、ドイツ統一に懐疑的ないし反対だった者、とりわけ、それまで制度の枠外からでしか反応できなかったソ連を取り込んだのである。結局、「2＋4」というフォーラムは、外相レベルで四回開催された――ただし、それは再統一プロセスにおける本質的な決定の場にはならなかった。むしろ本質的な決断は、「2＋1」のレベル、すなわちワシントン・モスクワ・ボンの三角関係のなかで下されたのである。他方で、人民議会選挙後に東ベルリンの外務省に入った反対派運動出身の者たち（東ドイツ外相のメッケルら）が、外交の舞台で活躍するチャンスはなかった。

西ドイツとアメリカの団結

決定的だったのは、西ドイツとアメリカの緊密な団結である。それは、ヘルムート・コールが一九九〇年二月末にキャンプ・デーヴィッドを訪問したときに、最終的に固められたものだった。実のところ、そのときまでコールは、統一ドイツ全体がＮＡＴＯに帰属することについて明確な意見を表明していなかった。それどころか、この問題をめぐっては、西ドイツ政府内に激しい争いがあったのである。統一ドイツのＮＡＴＯ帰属はワシントンにとって本質的な意味をもっていたので、こうした事態をアメリカ政府は憂慮していた。それゆえ、ブッシュとベーカーは、コールとの「歴史的な取引」――国家安全保障担当大統領補佐官〔ブレント・スコウクロフト〕の表現――を実現させようとした。つまり、ドイツがＮＡＴＯにおける義務を完全なかたちで果たすことを求める代わりに、アメリカはドイツ統一プロセスを対外的に守ることを約束したのである。

事実、ボンとワシントンはキャンプ・デーヴィッドで、今後の指針となる分業を申し合わせた。すなわち、西ドイツ政府が東西ドイツ間の内的な再統一の遂行を担い、またソ連に対する経済支援の段取りを整える役割を担う一方、アメリカ政府は国際的ないし安全保障政策的なレベルで責任を引き受けるという分担である。アメリカは、統一ドイツがＮＡＴＯに完全に帰属するという目標を掲げることで、西側にとっての最大限要求を提示したのである。これは、それまでの戦後の数十年間に考えられた再統一のシナリオには決して見られないものであった。

これがうまくいくなどとは、キャンプ・デーヴィッドではまだ予測不可能であった。しかしコールは、彼自身も信じていなかったことが、最終的には実現するかもしれないという期待を表明していた。「ソ連は、まず「２＋４」の枠組みで対話に応じ、そのうえで六月のアメリカ大統領との首脳会談で決断を下そうとしているとは考えられないでしょうか。わたしはそうした予感を抱いています。わたしがゴルバチョフをどう評価し、彼の状況をいかに判断しているかは、わたしにとって簡単な問題ではありません。〔……〕わたしの見解では、いまや大きな威信がかかっています。実のところ、ゴルバチョフから見れば、ソ連にはパートナーがひとりしかいません。つまり、アメリカです。〔……〕ゴルバチョフはブッシュ大統領との会談で譲歩することになるでしょう」〔一九九〇年二月二五日のキャンプ・デーヴィッドにおけるブッシュとコールの会談記録から〕。

2　ドイツ＝ポーランド間の国境問題

オーデル＝ナイセ線をめぐるポーランド側の不安

国境問題は、再統一プロセス全体のなかで国際的に最も大きな苛立ちを引き起こしたものだった。その論争は、ヨーロッパにおいて（国境問題について）いかに見方や経験が異なっているか、そして、いかにそこに紛争の可能性が内在しているかを感じさせるものだった――しかしそれは、最終的には全体の出来事のなかの漂石（氷河が残していった岩石のこと）にとどまったのである。

最初の非共産党系の首相であるマゾヴィエツキ率いるポーランド政府は、両ドイツ国家の再統一への権利を承諾した。しかし同時に、統一前にオーデル＝ナイセ線を国際法的に拘束力のあるかたちで規定することを要求した。というのも、自国の西部国境をめぐるポーランド人の不安は大きかったからである。一九四五年七／八月のポツダム会談が（オーデル川およびナイセ川以東の）ドイツの東部領域（ただしソ連が獲得した東プロイセンの北部を除く）を「ポーランド国家の管理下に置く」ことを決定したのち、ポーランド西部国境の確定は将来の講和条約に委ねら

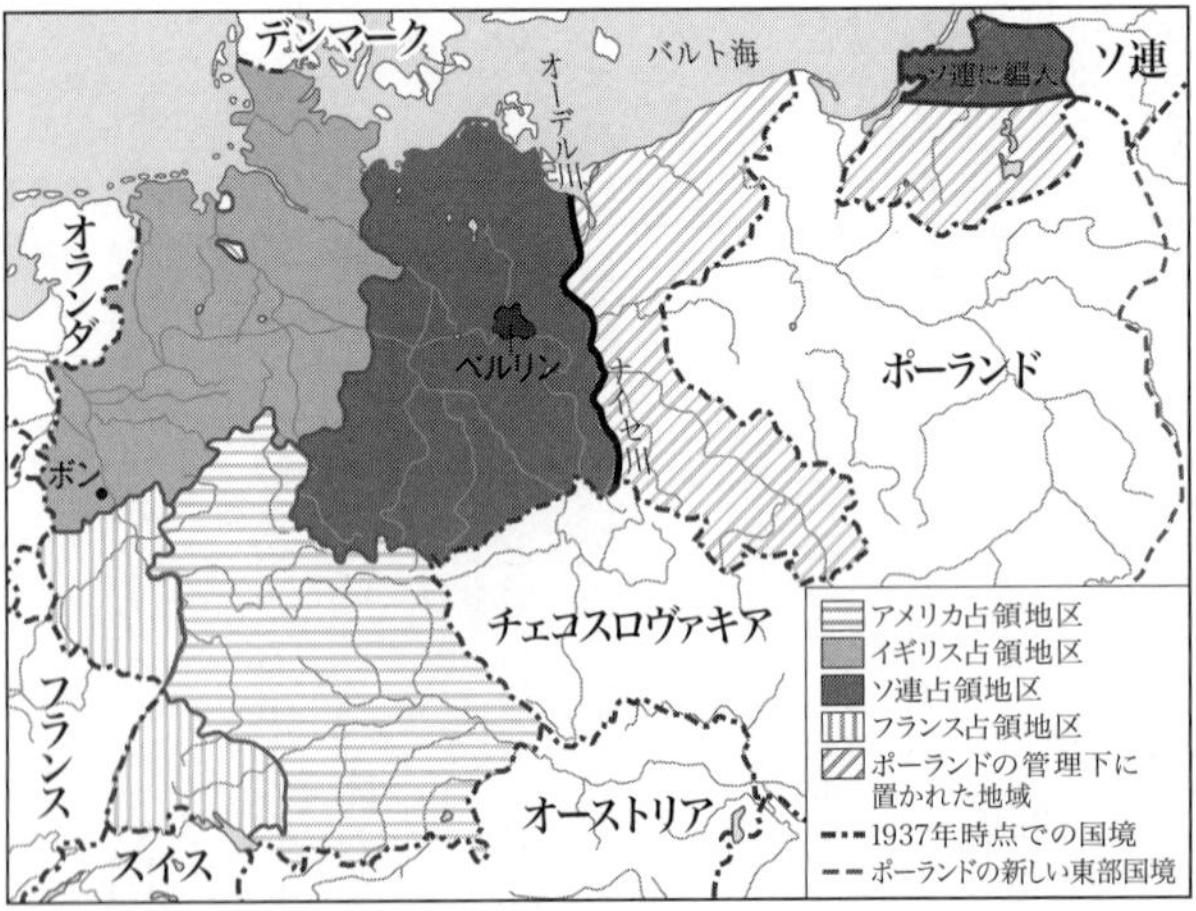

第二次世界大戦後の領土変更とオーデル＝ナイセ線

れたのだが、そうした条約は結ばれなかった。つまり、国際法的に見れば、オーデル＝ナイセ線より東の旧ドイツ領域の分離は、決して確定していたわけではなかったのである。

もちろんそうした議論は、歴史的にも政治的にも、あるいは国際的な観点から見ても、通用しなかった。「偉大なる再統一」を掲げ、ドイツ＝ポーランド間の国境の修正をめざすドイツ外交など、一九八九年にはまったくの論外だったのである。だからこそヘルムート・コールは、統一を「既存の国境の移動」と結び付けようとする者などドイツにはいないと表明し、安全な国境を求めるポーランドに応えようとしたのである。「歴史の歯車は逆転しない」という一九八九年一一月八日の西ドイツ連邦議会の声明も、同様のねらいをもつものだった。

内政に配慮するコール

しかし、基本条約〔一九七二年に東西両ドイツ間で締結された条約〕に関する一九七三年七月三一日の連邦憲法裁判所判決を根拠として、コールは法的な立場にこだわった。つまり、ドイツ＝ポーランド間の国境は、統一し、完全な主権を回復したドイツによって初めて承認されうるというのである。もちろん、コールが国境問題を公式に確定することに抵抗したのは、法的な理由からだけでなく、それ以上に内政的な配慮からだった。つまり、CDU／CSUにとって重要な票田である被追放者たち――その公的な代表者たちはオーデル＝ナイセ線の承認に反対していた――に配慮したのである〔被追放者とは、第二次世界大戦末期から戦後直後の時期に、ドイツ東部領域を中心とした東欧一帯から強制的に移住させられた人びとを指す〕。被追放者連盟の会長〔ヘルベルト・チャーヤ〕は、ドイツ東部領域の「性急で思想も歴史もない放棄」は「ドイツの内政に危険な対立と危険な多数派を」もたらすだろうと述べていた。これをコールは内政的な脅威だと真剣に受け止めていたのである。被追放者の同意を得るために、コールは国境の承認を、統一を達成するためには避けられないドイツ側の譲歩だと提示しようとした。それゆえ、この不可避の一歩を可能な限り遅らせようとしたのである。しかしこのことは、対外的にも国内的にも苛立ちと衝突を引き起こした。その問題の大きさをコールは明らかに過小評価していたのである。

ポーランドの立場は国際的に広範な支持を得た。それはとりわけパリに顕著だったが、他国の政府も、可能な限り迅速な国境問題の最終的確定を急き立てた。とくにフランス政府は、次第にポーランドの利害の代弁者として振る舞うようになった。修正主義的なドイツ外交がパリで予測されていたわけではない――しかし、コールの国際法的な理由付けは口実であり、彼の国境政策に関する立ち回りは選挙戦術だと受け止められた。ポーランド問題をめぐるコールへの圧力は全般的に増していった。

三月八日の連邦議会決議をめぐる紛糾

それに対してコールは、周知となった自らの立場を放棄せず、東ドイツにおける自由選挙ののち、両ドイツ議会が、一九八九年一一月八日の連邦議会決議の路線に沿った宣言をするという方針を表明した。三月六日にボンの連立政権はコールの提案で合意し、その二日後〔の三月八日〕、連邦議会はＣＤＵ／ＣＳＵとＦＤＰの票で決議を可決した。その決議によると、両ドイツ議会は、東ドイツの人民議会選挙後、可能な限り速やかに同文の声明を議決する、そしてその声明の内容は、「ドイツ統一に際してポーランドとの国境の不可侵性」を確認し、さらに「全ドイツ政府とポーランド政府との条約で国境問題を」調整する意図を表明するものだとされた。

しばしばコールがしたように、この問題について純粋に法的に議論するならば、そうした決議は根本的に一一月の声明の内容を越えるものではなかったと言える。そしてとりわけ、「不可侵性(Unverletzlichkeit)」という表現を用い、「不変性(Unveränderlichkeit)」という概念を避けたことが議論の的となった。「不可侵性」は、まさに最終的な国際法的承認を回避するために、東方諸条約〔なかでも一九七〇年にヴィリー・ブラント政権がポーランドと締結したワルシャワ条約〕で用いられた表現だったからである。いずれにせよ、ポーランド政府やフランス政府にとって、三月八日の連邦議会決議はまったく不十分なものであり、ドイツ＝ポーランド間の国境紛争は国際的に頂点に達した。フランス大統領がボンの政策を公然と批判したのである。

テルチクが記すには、コールは「明らかに怒り、失望した。彼にとって友好の限界が明らかになった」。コールはミッテランとの電話会談で次のように述べた。自分は「この問題の扱われ方にきわめて驚いて」おり、フランスにおける自分に対する「キャンペーン」に怒っている。

どう見ても、フランス人は「別の星に」暮らしているようだ、と。むろん、これは情勢を何も変えなかった。内政的にコールは、被追放者に国境を承認させ、ＣＤＵ内を統一しようとしていた。その一方で、連邦政府は国際的に孤立し、コール自身、法形式に固執した自らの議論によって行き詰まっていた。根深い不信からボンに対するポーランドの要求が過剰なものとなっていくと、それに応じてコールは、この問題をめぐるポーランド側の憂慮の心理的側面に対する感度を鈍らせ、またこの状況が国際的に与える衝撃への感覚も鈍らせていた。

決着

紛争の緊張を和らげることに貢献したのは、他の何よりも、三月一八日の東ドイツ人民議会選挙における、コールもＣＤＵ／ＣＳＵも予期しなかった輝かしい選挙結果だった。そのうえで、再びジョージ・ブッシュが救いの手をさしのべた。結局、ブッシュが、ボンとワルシャワを仲介し、両者の非公式の合意をもたらした。それは、ドイツ＝ポーランド間の国境条約というかたちではなかったが、国境問題に関する表現を事前に内々に取り決めるものだった。たしかに、ＣＤＵ内の被追放者団体の幹部は国境の承認を拒み続けた。しかし、西ドイツ連邦議会と東ドイツ人民議会が六月二一日および二二日に同文の決議で「意思を言葉で」表明したとき、彼らのうち反対票を投じたのは一五人だけであった。この決議は、「統一ドイツとポーランド共和国のあいだの国境は、国際法的な条約によって最終的に［……］裏付けられ」、そしてそれは現存の国境と一致すると表明するものであった。

これにより、東部領域からのドイツの別離は、可能な限り確定的であることが確認された――これは、歴史的および政治的な現実についての不可避的な承認であったが、その歴史的な射程は広い。数世紀にわたってドイツ人が住んでいた領域――その面積は東ドイツよりも広い――が、いまや最終的に放棄されたのである。これによって確定されたのは、ドイツによる侵略戦争の敗北の結果だけでなく、一九三九年の第四次ポーランド分割に関するヒトラー＝スターリン条約〔独ソ不可侵条約とその秘密議定書〕におけるソ連側の分け前――その維持のためにソ連の独裁者は一九四五年にポーランドの「西側への移動」を命じた――でもあった。

3　同盟問題

米ソ首脳会談での驚き

一九九〇年二月に「2＋4」プロセスが始動したとき、同盟問題についての立場も明らかになった。この問題では、西側四か国の政府〔米・英・仏・西独〕がモスクワと対峙していた。東ベルリンの新しい指導者たちは、全ドイツがNATOに加盟することに〔ソ連と〕同様に懐疑的だったが、政治的な実行力をもち合わせていなかった。

この間、クレムリンは、統一ドイツ全体がNATOに帰属することを拒否し続けていた――そして、コールがキャンプ・デーヴィッドで話していた〔一一四ページ参照〕、ワシントンでの米ソ首脳会談の日が来た。そこで、当時はあまり公に気づかれなかったが、外交的にセンセーショナルな事件が起こった。それは、再統一プロセスにおける予期せぬ転換のひとつであり、再びゴルバチョフの突飛さが示された出来事であった。一九九〇年五月三一日、交渉のテーブルでゴルバチョフが、明らかに自国の代表団との事前の申し合わせもなく、方針を転換したのである。

米ソ代表団の全体会合で、ジョージ・ブッシュが、「すべての国家は自らの同盟帰属を自由に選択する権利をもっています。したがってドイツも、どの同盟に加わりたいかを自ら決定してもよいはずです。これは正しいですか?」と尋ねたとき、ゴルバチョフはブッシュに同意した。ゴルバチョフが頷いたとき、ソ連代表団は狼狽し、騒然となった。同様に信じられなかったアメリカ側の官僚たちは、クレムリンの主人にこの前代未聞の同意を繰り返させるよう、大統領を急き立てた——そして、それは成功した。ゴルバチョフは、「どの同盟に帰属することを望むか、統一ドイツ自身に決断を委ねること」に賛意を表明したのである。

西ドイツによる経済支援

こうして五月三一日のワシントンで、同盟問題の突破が成し遂げられた。しかし、それはまだ不可逆なものではなかった。ゴルバチョフの突飛さが再び別の方向に向かう可能性はあったし、ソ連の交渉の流儀では、いちど得られた合意やすでに認められた譲歩が事後的に再び撤回されることもありえた。それゆえ西側は「インセンティブのパッケージ」〔ロバート・ゼーリック〕を用意し、そこに西ドイツ政府が経済的な支援を詰め込んだのである。

その際、西ドイツにとって有利に働いたのは、ソ連における切迫した供給不足や財政窮乏だった。まぎれもない「国家財政破綻の縁に立たされ」〔クヴィチンスキ〕、五月初頭にモスクワはボンに金融支援を要請した。コールはこのチャンスを逃さず、ドイツ銀行頭取〔ヒルマール・コッパー〕とドレスナー銀行頭取〔ヴォルフガング・レラー〕を密使としてモスクワに派遣した。ゴルバチョフは彼らに、ソ連はいままさに指令経済から市場経済への過渡的で困難な段階にあり、それを短縮することが重要だと説明した。また、ソ連閣僚評議会議長〔ニコライ・ルイシコフ〕が、国内では、一九八五年以前の古い体制に戻れといった要求が次第に大きくなっていることを伝えた。西ドイツ政府へのメッセージは明瞭であり、同様にボンからの回答も明確だった。政治的な理由から、ソ連の支払い能力に対する懸念に逆らって、コールは、五〇億ドイツ・マルクにのぼる西ドイツ政府保証の短期金融支援の提案を準備させ、それを五月二二日にゴルバチョフに伝えた――それは、「懸案の問題〔統一ドイツのNATO帰属問題のこと〕の建設的な解決を可能にする」という期待と結び付けられていた。

第二八回ソ連共産党大会とNATOロンドン宣言

「インセンティブのパッケージ」の安全保障政策的な部分を差し出したのは、アメリカ政府だった。すべての提案は九項目にまとめられ、一九九〇年五月半ばにベーカー国務長官がそれをモスクワで提示した。その提案には、軍縮やCSCEの強化に加え、とりわけ重要なものとして、NATOの政治的・軍事的な変容という考えが含まれていた。また、まさにゴルバチョフに向けて、すでにブッシュは五月四日にNATO戦略の見直しについて公言していた。

しかしこの間、ソ連外交は硬化し、六月にはその二面性を露わにしていた――それはとりわけ、六月二二日に東ベルリンのシェーンハウゼン宮殿で開催された〔第二回〕「2＋4」外相会議で示された。そこでシェワルナゼが、同盟問題および「戦勝四か国の権利」の放棄に関する交渉を国家統一の成立後に延期するという提案を行ったのである。この提案がソ連の内政向けであることは明らかだった。このとき、ゴルバチョフとペレストロイカの存在をかけた力比べとなる第二八回ソ連共産党大会が間近に迫っていたのである。もしゴルバチョフや自分が政治の舞台から退場するならば、誰が代わりとなり、いかなる国家が登場するのかは明らかだろう、とソ連外相は囁いた。

それゆえ、西側諸国の政府は、七月二日から一二日間にわたる党大会が終了するのを待った。と同時に、解体しつつある東側ブロックの諸国に譲歩した、NATOの「ロンドン宣言」(七月六日)を発表することで、ゴルバチョフへの援護射撃をした。ブッシュがゴルバチョフに書き送ったように、この「ロンドン宣言」は、「自らの活動のあらゆる側面について、とりわけソ連との関係について、同盟の変容」を約束するものであった――それゆえ、ソ連にとって、統一ドイツのNATO帰属はもはや脅威とならないだろう、とそのメッセージは述べていた。

党大会を経て、ゴルバチョフの成果は、さしあたり悪くない様子だった。多方面から予想されていた党内での反乱は起こらなかった。代わりにゴルバチョフは、難局をうまく切り抜け、当座は自らの立場を固めることができた。そして党大会の直後、ゴルバチョフは、ヘルムート・コールを筆頭とするボンの代表団を招き、ドイツ政策にケリをつけようとした。

独ソ首脳会談での合意

「地球は丸く、われわれ二人はいつもその周りを飛び回っている」――七月一五日の朝、最初の首脳会談の際に、ゴルバチョフはそう言って西ドイツ首相を迎えた。ゴルバチョフはコールをまずモスクワへ、そしてコーカサスの彼の故郷へと招待した。皮切りの個人的および一般的な歴史や政治をめぐる対話のなかで、コールは個人的な信頼を勝ち取るよう努めた。そして会談が同盟問題の件に入ると、ゴルバチョフは端的に述べた。「NATOにおけるドイツのメンバーシップ――問題は明瞭です。事実上《デ・ファクト》、統一後、現在の東ドイツ領域にNATOの軍隊は配備されてはならない。これは移行期にも該当します。そうすれば、問題はもはや切迫したものにはならないでしょう」。

このようにゴルバチョフは、ドイツ全体のNATO帰属を前提にして考えていた。その意味で、しばしば主張されるように、モスクワあるいはコーカサスで同盟問題における「突破《ブレイクスルー》」が達成されたわけではないのである。もちろん、具体的な規定や表現などの細部を詰めるのは難しく、この点についてはゴルバチョフの立場も明瞭というわけではなかった。それゆえ、西ドイツとソ連のあいだで合意が固まったのは、コーカサスでの〔一六日の〕午後であった。ゴルバチョフの別荘での長く回りくどい交渉ののち、両者は、存続していた「戦勝四か国の権利」が統一とともに消滅すること、そしてその同日にドイツが自らの完全な主権を獲得することで合意した。また、三年から四年のあいだにソ連軍が〔東ドイツ領域から〕撤退すること、そしてその撤退に伴う住宅供給や再就職などに関するドイツ側の支援を定めた「移行措置に関する条約」を締結することも合意された。さらに、連邦国防軍の兵員の上限は三七万人に確定された。これは、〔西ドイツの〕連邦国防軍と〔東ドイツの〕国家人民軍の兵員数の合計を約四五パーセント削減するものであった。同時にコールは、「新たな性格をもった両国関係を開始する」ための「包括的な条約というビジョン」を表明した。

これらの成果は、春に確立された西側の最大限要求に近いものであり、当初の期待をはるかに上回るものであった。ソ連の譲歩に対するドイツの代償——具体的にはカネだが——については、コーカサスでは協議されなかった。まず譲歩し、そのあとで要求するという交渉を、ゴルバチョフはまたもや実践したのである。その際、「2＋4」条約が、ドイツ統一の日に効力をもてるように、九月一二日に調印を予定していたことは、クレムリンにとって好都合だった。

ソ連の期待はとりわけ「移行措置に関する条約」――なかんずく住宅供給および撤退費用に関するドイツの支援――に結晶化された。これが解決されなければ、三年ないし四年での軍の撤退は不可能であると、ソ連外務次官〔クヴィチンスキ〕はソ連流の脅迫をちらつかせていた。ソ連側の要求は、ドイツ側の想像をはるかに超えていた。もともと計算されていた四〇億ドイツ・マルクとドイツ側が提案した六〇億ドイツ・マルクに対して、ソ連側は九月初頭に一八五億ドイツ・マルクを要求した。「2＋4」交渉の終了予定日の数日前にして、それまであまり口にされてこなかったことが実際に問題となった。「統一の代償」である。電話での厳しい交渉を経て、最終的にコールは、内々に定められていた最大限の交渉ラインを越え、四年間で計一二〇億ドイツ・マルクの支援と、三〇億ドイツ・マルクにのぼる五年期限の無利子のクレジットの提供を約束した。これが統一をもたらしたのである。

ゴルバチョフは東ドイツおよびドイツ統一を西ドイツに売ったのだろうか？　再統一に関連したソ連へのドイツの経済的給付の総額を見積もるのは難しい。確定した正式な統一の「代償」は存在しない――どのコンテクストを重視するかによって支払い額は流動するし、そのなかにはドイツ統一の確立に直接関連したものもあれば、あまりそうとは言えないものもある。

連邦財務省の計算によれば、国際収支赤字を補塡するための信用供与、東ドイツ領域におけるソ連軍の〔期限付き〕駐留、撤退、再統合への支援、振替ルーブル〔コメコン加盟国相互間の決済に用いられた通貨〕残高の清算も含む金融支援、ソ連の投資プロジェクトへの東ドイツの出資の支援、人道的および技術的支援、パートナーシップ条約に応じた輸出金融保証などを合わせると――最後に言及した約五五〇億ドイツ・マルクにのぼる輸出振興のための措置を抜きにしても――、八三五・五億ドイツ・マルクに達する。

この額はたしかに高いかもしれないが、他の事例――ドイツ統一のための東西ドイツ間の財政支援は言うまでもない――と比べればそうとも言えず、ドイツ統一の「購入価格」と言うことはできないだろう。もしソ連側にとってドイツ政策で譲歩する際に経済的支払いのみが重要であったとすれば、ドイツ統一の「購入価格」はより高価なものとなっただろう。経済的な次元は、独ソ関係にとって、そして再統一プロセスにおけるソ連の態度にとって、全体的な考量――最後まで決して首尾一貫したものにはならなかったが――のなかで、たしかに重要ではあったが、唯一の決定的なファクターではなかったのである。

4　ドイツ統一とヨーロッパ統合

経済通貨同盟の歩みと独仏の相違

すでにドイツ革命以前から、ヨーロッパ統合は新たな段階に突入していた。一九八九年六月には、EC加盟国の首脳がマドリードの欧州理事会で、三段階を経て完成される経済通貨同盟の構築に合意している。加えてこのとき、その第一段階、すなわち資本や外貨の移動におけるあらゆる制約の撤廃を、一九九〇年七月一日に開始することが決議された。しかし、欧州経済通貨同盟の導入は、まだ不可逆なものではなかった。つまり、第一段階よりも、第二段階——為替相場を固定しつつ加盟国の財政・通貨政策を統一すること——、および第三段階——単一通貨の導入——の方が、決定的に重要だったのである。さらにマドリードでは、最終的な決議がなされたわけでもなかった。経済通貨同盟のさらなる進展には政府間会議の招集が前提とされ、それはマドリード欧州理事会ののちにようやく動き出すはずのものだった。

経済通貨同盟の進展は、一九八九年の下半期、すなわちフランスがECの理事会議長国（理事会の議長国は半年の持ち回り）だったとき、パリのヨーロッパ政策の優先的なアジェンダとなった。パリにとって、このヨーロッパ政策は同時にドイツ政策を意味していた。ボンの首相府によれば、ミッテランにとっては「経済通貨同盟がまずもって重要である——それは、残された彼の在任期間中の目的そのものである」。それに対して、ボン政府中枢の関心は、通貨政策の面では通貨価値の安定の維持にあったし、政治的なヨーロッパ連合という目的に向けたＥＣの制度的な改革にあった。

それゆえ、ボンとパリのあいだには、ヨーロッパ統合の方向性と進展をめぐって原則的な対立があった。ドイツ再統一の問題がなくとも、一九八九年秋のドイツとフランスの政府間関係は緊張したものであった。フランス政府はボンが経済通貨同盟から再び身を引くのではないかと恐れたし、実際にコールはミッテランの野心的なスケジュール設定に対して明らかに後ろ向きであった。その代わりにボンは、経済同盟と政治同盟を抱き合わせ、経済同盟の問題におけるドイツの譲歩を、政治同盟に関するフランスの容認と結び付けようと試みていた。

ベルリンの壁崩壊と独仏の妥協

ベルリンの壁崩壊と再統一問題の浮上が、交渉の前提を変えた。いまや西ドイツ政府は、迅速な再統一についてヨーロッパのパートナーたちから同意を得るために、通貨問題についてはより多くの譲歩を必要とするようになった。コールが一〇項目計画を発表したのち、ミッテランは次のように述べた。「西欧の統合は、止まってしまえば後退してしまう。そして統合が後退するならば、ヨーロッパの情勢は根本的な変化を経験し、新しい特権的な同盟が生じるだろう。〔第一次世界大戦直前の〕一九一三年のイメージ世界に逆戻りすることも排除できない」〔一九八九年一一月三〇日のゲンシャーとの会談での発言〕。かかる圧力のもと、コールは、一二月八／九日のストラスブール欧州理事会の場で、従来の自らの意に反して、一九九〇年一二月に経済通貨同盟に関する政府間会議を招集することに同意し、シグナルを送った。西ドイツ政府は、フランスのプライオリティに譲歩することで、ヨーロッパ統一プロセスの進展に自ら関与することを示した。そして一九九〇年初頭にラチェで〔前述のミッテランとの会談〕、コールはフランス側に改めてそれを保証した。しかし、経済通貨同盟と政治同盟との関係は、いまだ明確ではなかった。独仏タンデムは、ドイツ再統一プロセスによって足並みを乱していたのである。

西ドイツが憂慮したのは、フランスの政策だけではなかった。コールの誓いにもかかわらず、むしろECの小国のなかに、ボンはヨーロッパ政策への関心を失ってしまったのではないかという恐れが広まっていたのである。同じころ、EC委員会委員長ジャック・ドロール〔一九二五〜 〕は、東西対立の終焉後にヨーロッパ諸国が国民国家に回帰することを恐れ、またECが性急に東方へと拡大することを懸念し、一九九〇年一月に改めてヨーロッパの政治同盟という問題を提起した。ミッテランがこのイニシアティブを取り上げ、幾度も行ったり来たりを繰り返しながらも、エリゼ宮と西ドイツ首相府とのあいだで妥協が見出された。四月一八日付の欧州理事会議長宛ての共同書簡のなかで、コールとミッテランは、「一二か国のヨーロッパの政治的な拡充を加速すること」、予定されていた経済通貨同盟に関する政府間会議と並行して「政治同盟に関する政府間会議の準備作業を開始すること」、そしてその政治同盟および経済通貨同盟に関する計画を一九九二年末までに批准することを提案した。たしかに、同盟の民主的正統性の強化、諸制度の効率化、活動の統一性と一貫性、共通の外交・安全保障政策といった諸目的は、かなり漠然としたものにとどまり、ほとんど拘束力をもたないものであった。実際には、経済通貨同盟と政治同盟は切り離されたのである。

最終的に、一九九二年にマーストリヒト条約が成立し、それによってECはEUとなった。マーストリヒト条約は「三本柱」に基づいていた。第一の柱は経済通貨政策であり、共同体の基礎を強化した。その際、ドイツ政府は、ドイツ・マルクを放棄する代償として、厳しい財政安定基準と独立した欧州中央銀行を得ることで、共通通貨に関する自らの安定志向的な金融政策への要求を貫くことに成功した。それに対して政治同盟については、ボンは自らの意思を押し通すことはできなかった。というのも、第二の柱（共通外交・安全保障政策）と第三の柱（司法・内務協力）は、共同体にではなく、政府間協力に基づくものにとどまったからである。

要するに西ドイツ政府は、政治同盟という自らの目標に見合った譲歩を得ることなく、欧州経済通貨同盟に同意したのである。政治同盟の形態は――議会と委員会の権限の強化を除いて――明確には描かれず、それゆえ見通しにくいものとなった。その点で、欧州通貨同盟に向かう決定的な一歩への同意は、再統一プロセスのなかでの、フランスに対するドイツの譲歩だったと言えよう。しかしこれは、コールが、ドイツ統一についてフランスから同意を得るためにドイツ・マルクを放棄したことを意味しない。というのも、それはすでに再統一前から始動していた枠組みのなかで生じたことであり、基本的には西ドイツ政府も追求していたプロセスの枠内のことだったからである。このプロセスの範囲内で、西ドイツ政府は、再統一のためにより多くの譲歩が必要となったため、自らの構想を望み通りのかたちで達成することができなかったのである。

5　戦後の終わり

「2＋4」条約

一九九〇年九月一二日、モスクワで――飾り気のない雰囲気のホテルで――「ドイツに関する最終規定条約」（「2＋4条約」）が調印された。それは形式的にはドイツとの講和条約――一九四五年にポツダムで予告されたが、決して実現しなかったもの――ではなかったが、その機能を担うことになった。

それゆえ「2＋4条約」は、国際法的に戦後という時代を終わらせ、未解決だったドイツ問題に片をつけるものだった。それは、連邦共和国とドイツ民主共和国の対外国境が統一ドイツの国境であることを最終的に確定し、ABC兵器（核・生物・化学兵器）をドイツが放棄することを確認し、ドイツ連邦国防軍の兵員数の上限を三七万人に定めた。また、ソ連軍の撤退は一九九四年末までと義務付けられた。ソ連軍が撤退するまでは、旧東ドイツ領域に駐留できるのはNATOに統合されていないドイツの部隊だけだとされた。そしてソ連軍の撤退完了後、NATOに統合された連邦国防軍も駐留可能となるが、その後も外国の軍隊は配備されないし、核兵器も配備されてはならないとされた。ドイツは同盟を自由に選択する権利を認められ、それによって事実上NATO帰属が承認され、西側に軍事的に固定された。さらに、条約の批准によって、ドイツに関する四か国の権利が最終的に消滅し、ドイツは完全な主権を獲得した。統一はすでにそれ以前に実現していたので――正式に条約が発効したのはソ連が批准した後の一九九一年三月一五日である――、戦勝国はその権利を一〇月三日に停止していた。したがって、統一ドイツはその最初の日から、完全な主権を有していたのである。

ドイツ統一プロセスの勝者と敗者

こうして連邦共和国は、ヘルムート・コール自身が一〇項目計画で望んでいたよりも、多くのことを達成した。つまり、全ドイツのNATO帰属をはじめ、西側の最大限要求を満たした統一ドイツを獲得したのである。また、このことは同じくらいアメリカの政策の勝利でもあった。アメリカは、一九八九年一一月に自らが提示した統一ドイツのための「四原則」を無条件で達成し、世紀の東西対決の結果、唯一の世界大国となった。躊躇《ためら》いがちであった西欧諸国の政府でさえ、起こりえた可能性や自らの原則に照らせば、満足いく結果を得られた――ただし、ドイツがより強力に、場合によってはヨーロッパで支配的になるかもしれないという曖昧で漠然とした見通しが残ったことを別にすれば。たとえばイギリス政府は、NATOが再統一によって強化されたため、安全保障政策的な観点から満足できたし、フランス政府は、ヨーロッパ統合の実質的な進展、とりわけ共通通貨への前進に満足することができた。

プロセス全体で大きく敗北した者は――ゴルバチョフの改革目標とその大国としての利害に照らせば――、ソ連だった。むろん、そもそもソ連の状況は救いようがなかった。帝国の終焉は、疲弊したソ連経済を救うために、モスクワを対外的な重荷から解放しようとした、ゴルバチョフの改革政策の論理的帰結だった。そして最終的に、ゴルバチョフの改革政策によって、帝国だけでなくソ連自体も崩壊することになった。ソ連指導部には、制御不能となったプロセスを自らに有利になるように導く能力はなかったのである。

それでも、ソ連は連邦共和国から経済的な給付を受け取った――もっとも、本当に高価な代償を得たわけではなかったが。またソ連は、新しい性格の独ソ関係を手に入れた。具体的な再統一プロセスにとどまらず、コール／ゲンシャー政権は、独ソ関係および独ロ関係にパラダイム転換をもたらした。それは、深刻な反対理由を退けてでも、親ロシア的な政策を続けるという、統一ドイツの中期的な伝統を創り出したのである。加えて西側は、一義的にソ連に対して向けられていたNATOの軍事戦略を見直す意思を表明した。しかし、新たな信頼できる安全保障構造や、ロシアと西側との持続的なパートナーシップは、そこから生まれなかった。かつての属国はロシアを見放し、NATOに殺到した。そうこうするうちに、モスクワは国際政治で再び孤立した。そして二〇〇五年から、ウラジーミル・プーチン〔一九五二〜〕が指導するロシアは、一九九〇年の秩序の修正に――軍事力を投入してでも――着手するようになった。これは次のことを意味する。一九九〇年にドイツ問題が、すべての関係国やヨーロッパの隣国と平和的に協調したうえで、すべての方面に受け入れられる方法で解決されたというのは、決して自明ではないということである。一八一五年〔ナポレオン戦争後のウィーン体制〕も、一八七一年〔ドイツ帝国の成立〕も、一九一九年〔第一次世界大戦後のヴェルサイユ体制〕も、一九四五／四九年〔第二次世界大戦後の東西ドイツの建国〕も、そうした解決ではなかったのだけれども。

第5章

編入による統一

打ち捨てられた東ドイツ国旗(1990年10月撮影)

1　統一への道

デメジエール政権の発足

一九九〇年四月一二日、東ドイツでは最初にして最後の、自由な選挙に基づいた政府が発足した。これは二五人の閣僚、五つの政党から成る連立政権だった。この選挙は、ボンの連立政府〔CDU／CSUとFDP〕に対応する「ドイツのための同盟」と自由民主主義者同盟に絶対多数をもたらした〔一〇三ページ参照〕。しかし、統一プロセスに関する大きな決断を目前にして、三分の二の多数が必要となったため、最初からSPDも加えた連立となったのである。

この過渡期における新たな「政治階級」には神学者が多く、法学者は少なかった。新しい閣僚たちは、教会活動を通して行政および政治運営の経験を有していたが、いまや彼らは重大かつ根本的な諸テーマから成るアジェンダに直面していた。失業保険や年金に始まり、薬事制度や職人資格に関する規則、あるいはラジオやテレビ放送組織、そして自治体や州の制度にいたるまで、検討すべき課題は山積みであった。加えて、東ドイツの経済的・行政的危機は続いていた。こうして解決に急を要する諸問題が爆発的に増え、閣僚評議会〔内閣〕を圧迫した。これらすべてが、東ドイツの新政府が本当の意味で戦略的な政策を追求することを難しくしたのである。また同様に、自らを解体することが政府の任務であったという事情も、そうした政策の追求を困難にした。

新しい東ベルリンの政府は、東ドイツ人の代弁者としてドイツ統一に関わり、東ドイツ人の社会的利益を可能な限り確保しようと決心していた。それゆえ彼らは、西ドイツ政府の期待や立場とは決して一致しない構想を展開した。東ベルリン政府は、国家介入主義的な要素も含む「社会的公正という理想」を掲げ、「エコロジーにも義務を負う社会的市場経済」という目標を追求した。東ドイツで自由に選出された最初にして最後の政府の首班であるロタール・デメジエール〔一九四〇〜〕は、「平等という基本的価値」について力強く論じたが、自由についてはそれほど語らなかった。そもそも〔彼らにとっては〕、国家介入主義《エタティスムス》と社会政策による再分配の方が、市場経済秩序や市民的自由よりも優先順位が高かったのである。

第一国家条約

それに対してボンは、かつての西ドイツの「成功物語」と、東西対立下の体制間競合という思考パターンを引きずったまま、西ドイツの基準に完全に従った統一を構想していた。この見方に立つと、東ドイツはもっぱら抑圧体制であり、失敗経済だった。それゆえ、二つの同等なパートナー同士の統一ではなく、挫折した東ドイツを——東ドイツ人の自決権と合致したものとして——成功した西ドイツ(連邦共和国)に編入し、西ドイツの秩序を編入領域に移植するという再統一がめざされた。西ドイツ政府が、基本法第一四六条による全ドイツの新憲法制定という方法ではなく、基本法第二三条の編入条項による再統一をめざしたのは、プラグマティックな考慮だけでなく、根本的な確信に基づいていたのである。西ドイツ内相ショイブレ(一九四二〜)は次のように述べている。「基本法があり、ドイツ連邦共和国があります。あなたたちがこの両方から締め出されたまま四〇年にわたって待っていたという前提条件から出発しましょう。そして、いまやあなた方は参加を求めており、われわれはそれに配慮するというわけです」。

連邦共和国の秩序は二つの国家条約によって東ドイツ領域に移植され、同時に連邦共和国は東ドイツないしSED体制の全債務を引き受けた。第一国家条約(通貨・経済・社会同盟創設のための条約〕の発端は、経済改革とともに通貨同盟を設立しようという、二月七日の西ドイツ政府側の提案だった。〔三月一八日の〕人民議会選挙後に交渉が始まったが、そこではボン政府が主導権を握り、東ベルリンはそれに対応するだけであった。そして一九九〇年五月一八日、ボンで第一国家条約が調印され、東ドイツに社会的市場経済を導入するための制度的・組織的基盤が創出された。その際、もともと予定されていた通貨・経済同盟は社会同盟にまで拡張され、徹底的なものとなる転換プロセスを社会政策によって緩和することが見込まれた。

六月二一日、西ドイツの連邦議会と東ドイツの人民議会は、第一国家条約の批准に同意した。それに先立って〔六月一七日に〕東ベルリンの議会は、憲法原則法を可決し、それによって既存の東ドイツ憲法の経済に関わる部分を事実上廃止し、同時に経済・通貨政策に関する主権をドイツ連邦銀行および連邦共和国の立法機関に委譲することを可能にしていた。第一国家条約が七月一日に発効したとき、東西ドイツ間の国境検問や税関検査は過去のものとなり、共通の通貨が流通するようになり、統一的な経済秩序、労働法、社会保障を実現するための基盤が据えられた。第一国家条約は、すでにその核心において憲法条約と呼べるものであった。そして、第一国家条約に続いて、厳密な意味での憲法条約として第二国家条約〔統一条約〕が調印されることになる。

第二国家条約（統一条約）

この第二条約は、とりわけ東ドイツ側の強い要請によるものだった。これにより東ドイツは、独立した交渉相手に見えることを望んだのである。西ドイツの立場からは、この条約は、煩瑣な移行規定に代わる簡明な解決を提供するという利点があった。その際、西ドイツ側が必ずしも条約を必要としなかったことは、ボンの交渉立場を有利なものとした。また、七月末以来、デメジエールは、東ドイツが編入前に完全に崩壊する可能性を恐れたので、統一条約の迅速な締結を強く求めた。それゆえ、問題がどんどん深刻化する一方で、交渉相手としての東ドイツの重みは見る見るうちに衰えていったのである。

タイプ打ちで一〇〇〇ページを超える統一条約は、基本法第二三条による連邦共和国への東ドイツの編入に関する政治的・法的基盤を規定したものである。本条約は、八月三一日に調印された。すでに八月二二日から二三日にかけての夜、東ドイツ人民議会は、一九九〇年一〇月三日に連邦共和国に加入することを決議していた。統一条約の第一条に従い、東ドイツは、一〇月三日深夜〇時の「法律上の瞬間（juristische Sekunde）」に、再編された州に引き継がれ、基本法の適用範囲に加入することとなった。

新連邦州の形成

すでに一九八九年末には、東ドイツによって一九五二年に解体されていた諸州を復活させよという要求が広まっていた。一九九〇年七月二二日に人民議会が可決した州導入法は、比較的面積が狭く人口も少ない五つの州（新連邦州と呼ばれた）の形成を実務的に決めた。それらは、インフラを共通基盤にしてまとまっていた県を統合したものであり、かつての州の境界線におおむね沿っていた。最北の新連邦州であるメクレンブルク＝フォアポンメルン州は、ロストック県、シュヴェリーン県、ノイブランデンブルク県から基本的に構成された。ブランデンブルク州は、ポツダム県、フランクフルト（オーデル）県、コトブス県から構成された。マクデブルク県とハレ県はザクセン＝アンハルト州となった。エアフルト県、ゲーラ県、ズール県はテューリンゲン自由国、ライプツィヒ県、ドレスデン県、カール＝マルクス＝シュタット（一九九〇年から再びケムニッツに改称）県はザクセン自由国となった（「自由国（Freistaat）」は自律性をアピールした名称だが、法的には州と同じである。現在のドイツ連邦共和国では、ザクセンとテューリンゲンの他にバイエルンが自由国を名乗っている）。

一九九〇年一〇月一四日の州議会選挙によって新連邦州は議会を備えるようになり、その議

ベルリンの国会議事堂前(1990年10月3日撮影)

会が同時に州憲法制定会議の役割を果たすことになった。一九九二年から九四年のあいだに新連邦州の各議会は州憲法を可決したが——ザクセンとザクセン＝アンハルト以外はその後に住民投票にかけている——、それは西側の諸州を模範としたものだった。すでに〔統一後の〕春には西側諸州と新たに成立する諸州とのあいだにパートナーシップが確立され、割り当てられた。一方で、西ドイツの諸州、および連邦や地方自治体は、さまざまな種類の公務・行政・再建支援、とりわけ官僚の派遣や職業養成支援によって、新連邦州における政府・行政組織や司法制度の構築に大きく関わった。他方で、とりわけ連邦レベルにおいては、対抗関係も生じた。

一九九〇年一〇月三日、ベルリンの国会《ライヒスターク》議事堂前で再統一が象徴的に祝われた。花火が打ち上げられるなか、統一ドイツの国旗として黒赤金の連邦旗が掲揚され、〔西ドイツの国歌が〕いまや全ドイツの国歌として歌われ、シェーネベルク市庁舎では自由の鐘が鳴らされた。このとき連邦共和国の人口は一六四〇万人増えて計七八七〇万人となり、面積は一〇万八〇〇〇平方キロメートル増えて計三五万七〇〇〇平方キロメートルとなった。そしてこのとき、一九世紀と二〇世紀を繰り返し揺さぶってきたドイツ問題は、国法上最終的に解決されたのである。

もちろん、国家的・政治的な統一の完遂によって、経済的・社会的・文化的な問題が解決されたわけでは決してない。むしろ、東と西のあいだの「内的統一」の確立は、ドイツ革命の多幸感のなかで期待されていたよりも、はるかに時間がかかり、また骨の折れるものであることが明らかになったのである。

2　通貨同盟と産業空洞化の衝撃

通貨交換レート問題

一九九〇年二月七日に「経済改革を伴う通貨同盟」を提案することによって、西ドイツ政府は、ドイツ・マルクと市場経済を東ドイツに導入するにあたって、〔漸進的な〕段階モデルではなく、急激な移行モデルを打ち出した。東ドイツ・マルクを廃止してドイツ・マルクに統一することは、計算不能で危険に満ちていた。とりわけ両替相場は、直ちに中心的な争点となった。

東ドイツ・マルクとドイツ・マルクの交換レートは、東西ドイツ間の商取引では四・四対一だった一方、自由市場では八対一から九対一で取引されていた。しかし東ドイツの人びとの期待は一対一での交換だったのである。

一対一の交換レートでの切り替えと、消費財価格と社会保険料の上昇および補助金廃止を埋め合わせるための賃金引き上げは、賃金水準を上昇させ、企業の競争力にとって致命的となる恐れがあった。他方で、賃金水準が低すぎた場合、統一ドイツのなかに極端な社会格差を生み出し、大きな不満をかき立て、さらなる東ドイツからの移住を促す恐れがあった。

二月末以来、西ドイツの財務省やドイツ連邦銀行では、一対一の交換レートの経済的正当性に対する疑念が高まっていた。たしかに東ドイツの賃金水準は明らかに西側のそれより低かったが、労働生産性はさらに乏しく、想像以上に低かった。実のところ、東ドイツの労働生産性は、西ドイツの二〇パーセントとまではいかなくとも、三〇パーセント以下だったのである。

三月二九日に中央銀行理事会が、経常支払い、二〇〇〇マルク以上の銀行預金、債務について「東ドイツ・マルクとドイツ・マルクを二対一の比率で交換する」ことを決定したとき(二〇〇〇マルクまでの預金は一対一で交換され、加えて預金者は民営化の収益に与るとされた)、憤激の嵐が巻き起こった。〔その少し前の〕人民議会の選挙戦のあいだ、東ドイツの全政党が一対一のレー

通貨同盟発効の日，さっそくドイツ・マルクに両替したドレスデンの家族(1990年7月1日撮影)

トに賛同していたし、コールは少額預金者に一対一の交換レートを約束していた。東ドイツ人およびその政府〔デメジエール政権〕にとっては、一対一の交換レートが〔選挙戦の〕「開戦事由(Casus belli)」だったのである。同時に、西ドイツ政界において、経済的には根拠があった二対一の比率への支持が弱まっていた。実際、そうでなくとも低かった東ドイツ・マルクの価値の半減と、東西ドイツ間の賃金・給与水準の違い――大半の東側の賃金は、西側の賃金の二〇パーセント以下だった――は、社会的現実として想像し難かった。

最終的な妥協として、賃金と給与に関しては一対一の比率となった。現金と預貯金については、二〇〇〇マルクから六〇〇〇マルクのあいだで年齢によって段階付けられた額が一対一で交換され〔一四歳以下が二〇〇〇マルク、一五歳以上五九歳以下が四〇〇〇マルク、六〇歳以上は六〇〇〇マルク〕、それ以上の額、および負債は二対一となった。全体を平均すると一・八対一の交換レートだが、これにより東ドイツ・マルクは、市場における交換価値の二倍ないし三倍ほど価値を引き上げられたことになる。厳しいジレンマだった――この交換レートは、東ドイツ経済に最終的にとどめを刺すのだけれども、社会的・政治的には不可避だったのである。

一九九〇年七月一日の急速な「西ドイツ通貨領域の東ドイツへの拡大」は、まったくの力業であった。それはとりわけ、市場経済への迅速な移行と相まって、東ドイツにとってショック療法となった。そして、そのショック療法は、東ドイツの経済的ポテンシャルが予想以上に乏しいことが判明したため、よりいっそうラディカルな結果をもたらすことになったのである。

信託公社の設立

東ドイツ経済を民営化する最初の試みは、すでに一九八九/九〇年の冬にモドロウ政権によって――できる限り計画経済的な要素を維持しようという意図のもとではあるが――開始されていた。そしてこの問題は、経済同盟との関連で、東ドイツの〈デメジエール〉新政権によって再び着手された。重要なのは、供給や定価に関する決定権を、国家の計画部門から市場に移すことだった。ボンは国営企業の迅速な民営化を急き立て、人民議会は六月一七日に「信託公社」を設立する法律を可決した。公法上の機関として信託公社には、八〇〇〇近い国営企業を民営化し、場合によっては再建、あるいは閉鎖するという課題が託された。信託公社のモットーは「迅速な民営化＝断固たる再建＝慎重な閉鎖」であった。

七月一日に信託公社法が発効したとき、信託公社は七八九四もの国営企業――合わせて四〇〇万人の従業者をもち、東ドイツの不動産の半分以上を占める――の所有者となった。それゆえ公社の課題は巨大なスケールのものとなった。計画経済から、それとまったく相容れない市場経済システムに転換するには、歴史的な模範や経験もなかったうえに、西側には東ドイツ経済に関する信頼に足る知識もなかったし、準備期間もほとんどなかった。そして現実は、当初の予測から急速に逸れていった。一九九〇年春に東ドイツ国立銀行は、土地や郵便、その他生産部門なども含めたこの国の資産価値を五八〇〇億マルクと見積もっていた。それゆえ一九九〇年一〇月の時点では、信託公社は六〇〇〇億ドイツ・マルクの民営化収益を見込んでいた。そしてそこから、連邦が東ドイツの再建のために引き受けねばならない、適応支援や債務のコストが賄われるとされた。

誤算の露呈

しかし、そうした評価は絶えず下方修正されねばならなかった。一九九〇年七月一日に東ドイツの物やサービスの価格が自由化されたとき、消費者たちは商店の棚が埋まるのを目の当たりにした――経済・通貨同盟によって、東ドイツの不足経済は過去のものとなったのである。とはいえ、供給のかなりの部分は西側から来ていた。西側の生産品が購入される一方、東側の生産品は市場から押しやられた。購入者はもはや東側の生産品に我慢ならなかったのである。東側の企業は、多くの領域で、とりわけ西ドイツ企業に対して、競争力で劣っていた。加えて、自由市場から程遠かったコメコン諸国との東方貿易が崩壊した。

経済・通貨同盟によって東ドイツの産業生産は落ち込んだ。東ドイツ経済の状況が予想以上に疲弊していたので、落ち込みはよりいっそう深いものとなった。それはとりわけ、鉱業、工業、商品生産業、農業に当てはまった。さらに、いくつかの展開や問題が同時に起こった。第一に、余剰人員を抱え、自由な価格形成がなく、世界市場から隔絶された、非生産的で機能不全に陥った経済構造が崩れていった。第二に、そうしたプロセスは、東ドイツに伝統的な就業構造によって強められた。つまり、東ドイツの重点は、数十年来、西側の産業社会ではサービス業の増加という経済全体の構造転換によって職が削減されてきたような領域にあったのである。したがって〔連邦共和国に〕編入された地域は、戦後に東ドイツが引き延ばしてきた国民経済の構造転換の遅れを急いで取り戻さねばならなかった。そしてそれは――第三に――数十年にわたって市場で多様に活動してきた、著しく優勢な西ドイツ企業との直接の競争のなかで行われねばならなかった。新連邦州には、東ドイツ経済の決定的な遺産と、世界経済からの長期的な隔絶が染み付いていた。世界市場で戦える生産品もなければ、市場に関する知識も欠如しており、それゆえ自力でのイノベーション能力もなかった。こうした出発状況は、回顧的に明らかになるように、「まさに絶望的」〔カール＝ハインツ・パケ〔経済学者でFDPの政治家〕〕だった。

こうして東ドイツ経済の崩壊は、ハンス＝ヴェルナー・ジン〔経済学者〕の表現を借りれば、「ペシミストの予想よりも［……］はるかに劇的に」進行したのである。通貨・経済・社会同盟について政府や責任者たちがきわめて楽観的な想定を出発点にしていたこと、ショックの後にすぐに治療が続かなかったこと、そして自由化された東ドイツの市場が自力で飛躍できなかったことが、すぐに隠せなくなった。そして、過渡期の現象と思われていたものが、恒常的な問題であることも明らかになった。それは予想以上の規模の国家介入を必要とし、それでもなお望み通りの成果が得られるとは限らなかった。しかし、間近に迫った連邦議会選挙と、西側で次第に悪化してきた統一に対する感情を前にして、一二月まで政府は、まだ完全に予測可能ではないにせよ、確実に国と市民に降りかかる負担について公に説明するのを避けてきた。こうして政府は、統一を国民共同体の義務として積極的に市民のあいだに根付かせ、連帯と犠牲の準備をアピールする時機を逸したのである。しかし、同時に政府は、自由市場の力だけをあてにするのではなく、政治的に方向転換し、積極的な労働市場政策を追求し始めた。

信託公社の解散

産業空洞化の衝撃は、当然ながら民営化を優先する信託公社の業務に影響を及ぼした。信託公社の活動領域は、売り手市場から買い手市場に変わった。企業の売却はしばしばきわめて低価格で行われた。また、債務や、環境汚染の危険のある廃棄物を信託公社が引き受けるという条件のもとで売却は可能となった。それに対して信託公社が、支払い額や職場に関して多くの要求をすることは不可能であった。

結果として信託公社は、一方では、崩壊経済下の企業に対する責任から国家を解放するために、民営化の加速に尽力したけれども、他方では、優先順位を選ぶようになった。すなわち、一九九三年初頭に連邦政府は「産業中核地帯」を保護し、刷新することを決定した。その地域に不可欠な企業体およびその下請けが優先的に支援されたのである。たとえば、オストゼー造船所、ブランデンブルクのＥＫＯ製鉄所、マクデブルクの重機械メーカーＳＫＥＴ、あるいはザクセンの機械製造企業などである。このやり方で、難しいケースの民営化もうまくいったが、財政的な支出も膨大となった。たとえば、ブナ工場、ザクセン・オレフィン工場、ロイナ・ポリオレフィン〔いずれも化学コンビナート〕については、職員五六〇〇人のために一〇〇億ドイツ・マルクの国家支援、したがって一職員当たり約一八〇万ドイツ・マルクの支援が投入された。

一九九四年一二月三一日に信託公社はその業務を終了したが、それは象徴的なものであった。なぜなら、信託公社の任務は完全には果たされておらず、信託公社は「統一に関連する特別課題のための連邦行政機関（BvS）」へと移行したからである。ともあれこうして、産業空洞化の責任を負わされ、東側で嫌われた信託公社は、公の視界からは消えることになった。

信託公社の決算

数量的な成果としては、信託公社は、まず一九九〇／九一年に二万五〇〇〇の商店、飲食店、ホテルを売却した。そして、一九九四年末までに、主に旧コンビナートから成る一万二一六二の企業のうち、三七一八（三〇・六パーセント）を閉鎖し、六五四六（五三・八パーセント）を民営化し、一五八八（一三・一パーセント）をかつての所有者に返却し、三一〇（二・六パーセント）の企業を地方自治体に委ねた。民営化された企業のかなりの部分が西ドイツ側のものとなり、既存の企業やその収益計算のなかに組み込まれた。また、買収した企業の側も、九〇年代のなかで、増大するグローバル化の圧力に晒されるとともに、ドイツにも浸透した「株主価値《シェアホルダー・バリュー》」という持分所有者の短期的利益をめざした企業原則を重視するようになった。

その際、東ドイツという場所は〔西ドイツ側とは〕かなり異なった扱いを受けた。つまり、「延長された作業台」とでも言うべき、独自の研究・開発部門をもたない支部扱いになったのである。一九九九年の時点で、五五〇のドイツの大企業のうち、本拠地を新連邦州に置いたのは八社だけだった。新連邦州では、小さな企業は東ドイツの人びとの手に残ったものの、従属経済化が進行した。

信託公社は、その民営化の任務を四年のうちに果たし、包括的な構造転換をもたらした。しかしそれは、一九九〇年に予想されたものよりも、はるかに高いコストを伴った。期待された六〇〇〇億ドイツ・マルクの民営化収益の代わりに、信託公社は二三〇〇億ドイツ・マルクの赤字で終わり、それは納税者が負担せねばならなかった。つまり、驚くべきことに、期待された収益と実際の信託公社の決算との差は、八三〇〇億ドイツ・マルクに達したのだ。そしてそれは、ドイツ統一がもたらした挑戦の規模を表すとともに、歴史上類を見ない事態を前にして、評価を誤ったことを示している。

その点で、信託公社の活動にそれほど問題があったわけではない――個々の具体的な決断の誤りはやむをえないものであり、ディーター・グローサーが述べるように、どちらかと言えば例外であった。むしろ根本的な問題は、その任務と前提条件、すなわち一九九〇年の「破滅を管理するという経済的幻想」(ヴォルフガング・ザイベル〔政治学者〕)にあったのである。

新連邦州の構造的問題

一九九〇／九一年の産業空洞化ショックののち、崩壊という第一局面は、一九九四年末まで続いた。しかしまた同時に、すでに一九九一年夏には、第二の局面である刷新が始まっていた。つまり、一九九五年まで、毎年約八パーセントの経済成長率を伴う構造転換が進展しており、それは経済的キャッチアップのために必要なものだった。しかし、一九九五年、それまで税制的に優遇された建築ブームによって東ドイツ発展の原動力となっていた建設業界が、深刻な景気後退に見舞われた。全般的に投資が後退し、とりわけ工業セクターにそれは顕著で、西ドイツの水準をはるかに下回った。また、一九九六年から二〇〇四年のあいだ、一人当たりGDPは、西側の水準の六二パーセントから六四パーセントまでしか上がらなかった。九〇年代半ばには東ドイツのキャッチアップ過程は行き詰まり、経済水準の低下ないし周辺化という第三局面へと移行したのである。

あらゆる指標が示すように、東ドイツ経済が崩壊したのち、自立的な新しい構造や十分に成果を挙げうる工業を築く試みは失敗した。とりわけ、市場が長年にわたって多種多様な西側の企業によって占められ、新連邦州は、他の東欧諸国のように低賃金地域として競争することができなかったから、なおさらである。また、東ドイツで国内総生産のかなりの部分を占めていた分野——繊維工業、化学工業、機械製造、造船——は、デジタル時代の第三次産業社会に向かうヨーロッパ全体の構造転換のなかで、将来的な展望がほとんどなかった。そして、東ドイツで遅れていたサービスセクターは、予想以上に発展しなかった。こうして新連邦州は、構造的にかなり弱い地域となってしまったのである。

経済的、社会構造的、社会心理＝文化的な主要問題となったのは、大量失業である。通貨・経済同盟の成立から二年のうちに、旧東ドイツにおける雇用者数は三分の一以上低下した。ベルリンを含む東ドイツにおける失業者数は、〔統一前の〕公式数ゼロから、一九九一年に一〇〇万人、九七年に一五〇万人となった。そして二〇〇三年には、失業率が二〇パーセントを超えた。旧東ドイツにおける失業率が、旧西ドイツのおよそ二倍という状態が続いた。新連邦州における失業は、東ドイツを経済的に破滅させた、まさにあの非生産的な見せかけの雇用の分だけ進展した。その点で失業は、まずもって社会主義的な計画経済の遺産であった。そして、一九九〇年から九二年にかけての雇用削減を自立的な経済発展によって緩和させることに失敗したのである。

再建の成果

要するに、経済的な発展が、当初の期待よりもはるかに下回ったのである――しかし同時に、しばしば公に議論されていた印象ほどには、破滅的でもなかった。たとえ高いコストと相当な国家活動の拡大を伴っていたとしても、資本ストックは伸びていたし、経済全体の構造転換は成果を挙げていた。また発展の状況は、地域や分野によってかなり異なっていた。一方では、休閑地が放置され、地方には人が去って荒れ果てた鉱床が残された。しかし他方では、個々の成長センターが西側とのつながりを築いたのである。

労働生産性が旧西ドイツの七〇から八〇パーセントとなり、二〇〇七年に新連邦州の経済力は、他のすべての旧社会主義計画経済国を超えることになった。たとえば、出発点では似た状況にあったチェコの二・五倍となったのである。「これはとりわけ、キャッチアップ過程は困難でとても時間がかかるということを示している。中東欧のポスト社会主義国と西側が迅速に収斂するというイメージは、まったくの幻想である」(カール＝ハインツ・パケ)。そして、こうした背景のもとで明らかとなったのは、いかなる再建の成果が新連邦州にもたらされたかである。新連邦州の交通路、コミュニケーション網、インフラストラクチャーは最新の状態となり、行政機関、教育設備、そして制度全体が近代化された。ロストックからドレスデンまで、〈コールが約束した〉「花咲く風景」は、何よりも都市計画の贅沢さや建造物の修復再建というかたちで、もたらされたのである。

そして、破滅的だった環境問題が劇的に改善されたことは、全般的な生活のクオリティや豊かさの向上につながった。統一の敗者についてですら、物質的な面では、ヘルムート・コールの次の予言はだいたい当たっているだろう。つまり、東ドイツでは「以前よりも経済状態が悪くなる者はいないだろう——代わりに、多くの者が良好になるだろう」という予言である。

3　変革のなかの社会

急激で徹底的な転換

ドイツ統一を経ても、西ドイツ社会はそれほど変わろうとしなかったし、繁栄の停滞が全般的にはっきりと感じられるまでは、実際に顕著な変化もなかった。その一方で、新連邦州については、かつてあったものはほとんど残らなかった。

東ドイツ社会は、一九九〇年五月末に社会データ分析研究所のある研究が表現したように、「全体として「中間の近代(Zwischenmoderne)」」を経験していた。つまり東ドイツ社会は、近代の産業発展において重工業的段階にとどまった、補助金を多く投入する計画経済的な福祉独裁という隔絶された停滞状態から、突如として、自由とリスクを伴い、マイクロエレクトロニクス時代の変化のダイナミズムをも伴った、市場経済的で多元主義的な経済・社会システムという混沌に投げ込まれたのである。と同時に、東ドイツ社会は、東側ブロックの崩壊が促したグローバル化に巻き込まれた。グローバル化は、さらに変化を加速させ、柔軟な対応を要求した。東ドイツは、とりわけ低い水準にあった出発点から、二重の近代化への跳躍を強いられたのである。

この転換プロセスは、実際にあらゆる生活領域を巻き込み、それまで馴染んできた生活世界全体の構造や経験をめちゃくちゃにした。たとえば、さまざまな消費財から何を買うかを決める必要が出てきたし、連邦共和国の社会保障、税制、法制度に直面したし、キャリアの展望や人生計画も動揺した。それまでの資格が無価値になるなど、（ほとんど）すべての諸価値の転換を経験した。再統一は、東ドイツの人びとに、根本的な方向転換と膨大な適応能力を要求したのである。また、西側の意味での自由も、彼らは初めて学ばねばならなった——東欧における社会の転換に関して、ジェルジ・ダロス〔ハンガリーの作家。一九四三〜〕は「自由のショック」と述べている。そして同時に自由は、それまでの安定の喪失、とりわけ職場の安定の喪失と結び付いていた。職場の安定は、東ドイツ人の価値序列において、西側の社会文化におけるそれよりも、はるかに高い位置にあったにもかかわらず、である。

それに対し、一九九〇年七月一日以来、日常的な供給は急激に改善した。短期間のうちに、西側の繁栄社会を模範とした消費世界が現出した。その際、東と西で同じ条件が整えられることはなく、とりわけ資産と不動産所有の点で、東ドイツ人は西側を下回り続けた。それにもかかわらず、住民全体の物質的な生活水準は、たしかに程度はさまざまであったが、急激に上昇し、生産力も明白に高まった。とりわけ平均給与の著しい上昇は「遅ればせの収入爆増」をもたらした。たとえば、一九八九年から一九九四年のあいだで、単身世帯の被雇用者の実質収入は約七〇パーセント上昇し、三人世帯では五五パーセント上昇した。統一の勝者は、職場を失わなかった就業者と、年金生活者であった。年金は、一九九〇年以後の数年間で急激に上昇し、とりわけ夫婦ともに年金生活者の場合には、しばしば西側のそれを超えたのである。

就業構造の転換と社会的不平等

同時に、就業構造は根本的に転換した。それはとりわけ、中央に統制された東ドイツ経済における広範で非生産的な人員超過状況が解体されたことによる。とくにラディカルで遅ればせの近代化を経験したのは農業で、農業従事者数は、一九八九年から一九九六年のあいだで九七万六〇〇〇人から二一万人に、すなわち約五分の四も減少したのである。製造業も、過剰人員の削減が徹底的だった。その被雇用者数は、一九八九年から一九九六年のあいだで半分以上、すなわち四三九万人から二一四万人に減少した。一方、卸売・小売業や運輸業については、一五〇万人から一一〇万人、つまりおおよそ四分の一が削減された。公務員も、二二〇万人から一四〇万人と約三分の一以上削減されたが、それでも転換の嵐のなかでは「平穏な領域」のひとつであった。行政官や教員や警察官は、シュタージに協力していなかった場合に限り、職を維持した――シュタージに協力していた場合、必ずではないが、基本的には公職から排除された。これらに対し、唯一サービス業の分野のみ被雇用者数は増加し、一九九六年までに六一万九〇〇〇人から一三六万人と、二倍になった。とはいえそれでは、他のセクターにおける四一〇万人以上の人員削減に対して、六分の一程度しか埋め合わせることはできなかった。

この構造転換のなかで、一九八九年一一月時点で勤務していた職場に九三年までとどまることができた被雇用者は、二九パーセントにすぎなかった。それに対して、三分の二以上の被雇用者が職場移動を経験したのである――このことは、一般的に転職がきわめて稀であった東ドイツの伝統に鑑みると、由々しき問題であった。東ドイツの就労者たちにとって、企業は、単なる労働や生産の場というだけでなく、同時に社会的共同体の場でもあった。あるいは、社会的・政治的活動の場であり、生活形成の場であり、子供の養育や休暇や文化のための組織の場でもあった。そうしたなか、市場経済への転換が、組織としての企業に著しい打撃を与えた。それゆえ、経済同盟は、社会関係や生活実践の領域においても、人びとの日常に直接影響を及ぼしたと言えるのである。

経済的にも社会的にも文化的にも重大な問題は「度を越した失業」(ハンス゠ヴェルナー・ジン)であり、それは失業者にとってはもちろん、それに脅かされた者たちにとっても問題となった。失業者たちは、社会保障制度によって経済的基盤は保障されたにもかかわらず、東ドイツ社会のキャッチアップ過程からは広範に排除された。転換プロセス全体のなかで、失業には、生死に関わる経済的な意味に加えて、固有の社会心理学的な意味もあった。東ドイツの被雇用者たちは、終身的に保障された職場に慣れていたからである。しかし、彼らはいまや、職場を失うという未知の危機だけでなく、企業という生活世界の連関全体を失う危機を体験したのである。

再統一によって、きわめて平準化されていた旧東ドイツの社会構造が解体をはじめ、新連邦州のなかで社会的不平等が高まった。もちろん、以前よりも全体的な水準は高く、また不平等は旧西ドイツの諸州よりは小さかった。しかしながら、社会構造のデータと、感じられ認識されたリアリティは別物であり、後者の方がしばしば強い影響力をもつのである。

東ドイツ人の失望と「オスタルギー」

再統一の直前、社会データ分析研究所は、東ドイツ社会の「固有の社会的・文化的アイデンティティ」を確認している。一九九〇年春の東ドイツ人の全般的なムードは、両義的なものと捉えられ、多くの面で不安を募らせた、ネガティブなものと描写された。その研究は次のように結論している。「〔東ドイツの人びとは〕主体的な生活形成を多くの点で学び直さねばならず、体制に由来する生計への無関心は、徐々にしか改善されえないだろう」。そして、社会の多数派は「市場経済への移行に対して精神的に十分な準備ができていない」と。

一九九〇年以降、西側との明白な対照性に直面して、独自の東アイデンティティが形成されたのか、そしてそれは何に求められるのかという問題が議論された。一方では、社会主義に由来する、後見を求める気質が指摘された。他方では、まずもって状況的な条件、とりわけ再統一されたドイツにおいて東ドイツ人が味わった失望の経験が挙げられた。

再統一によって適応と方向感覚の危機に襲われ、安心感を決定的に喪失していた東ドイツ人は、国家および西側がすぐに豊かにしてくれるという非現実的な期待を抱いた——もちろん、この期待は〔西側によって〕かき立てられたものなのだが。さらに、経済的条件は急速に改善したものの、東ドイツ人は、そのことを一九八九年時点の東ドイツの情況や、他の体制転換を経た東欧諸国と比べず、むしろ西ドイツとの比較のなかで、いつまでも自らが遅れていると感じた。不満の文化と、冷遇されているという感情が、統計的に見ても広がっていた。その際、問題だったのは経済的次元だけではない。西側の優越によって、東ドイツの足跡や社会集団としての東ドイツ人の価値が下がったように感じられたのである。西側の優越は、とりわけ一九九〇年一〇月三日以降に明らかとなり、東ドイツ人の尊厳を傷付けたのだ。

いわゆる「オスタルギー」〔旧東ドイツへの郷愁。ドイツ語の「東(オスト)」と「ノスタルジー」を組み合わせた造語〕には、さまざまな理由がある。統一プロセスの予期せぬ困難に直面して、現実を頑なに拒否した反応でもあるし、恵まれていないという感情を埋め合わせるための、西側に対する自己主張ないし差異化でもあり、それゆえ東ドイツ人の「差異化アイデンティティ」の一部でもある。また、多くの点で、いたって通常の生活世界でも生じうる郷愁とも言える。と同時に、「オスタルギー」は、まさに文字通りの意味で、自由市場経済の荒波とグローバル化の嵐のなかで安心と安全を求めるユートピア的な憧憬を反映したものだった――それゆえ、一九八九年に勝ち取った自由に伴う困難を映し出しているのである。

4　統一のコスト

比類なき規模の移転

一九九〇年二月七日にボン政府が東ドイツに経済・通貨同盟を提案したとき、ドイツ統一は「追加的な成長プログラム」なのだから、そのコストは「強力な経済的活力の獲得に鑑みて［……］われわれの国民生産高の増加から支払う」ことができると想定したのは、西ドイツの財務相〔テーオ・ヴァイゲル〕だけではなかった。それに対して、「被雇用者や経営者における［短期的な］個別の犠牲者」については、「そうした実質所得の移転を政治的に受容する」用意がなかったため、考慮されていなかった。

しかし、統一プロセスが進行するなかで、国家財政や経済力に関して負担がどんどん重くなり、期待されていた東ドイツからの収入もなかった。それでも、指導的な経済学の研究機関でさえ、東ドイツないし新連邦州に必要な支援支出について、不運な場合でも、毎年五〇〇億ドイツ・マルク、総額七五〇〇億ドイツ・マルクと見積もっていた――そして、それは経済的に負担可能だと考えていた。もちろんこれらの計算は、私的資本が新連邦州に大量に流れ込み、信託公社が民営化で収益を上げるという期待に基づいていた。したがって、こうした誤った評価は、何も政治の側だけにあったのではなく、ドイツ統一の経済的展望に関する全般的な期待に対応したものだったのである。

もともとのボン側の期待は、第一国家条約と並行して創設された「ドイツ統一特別基金」によって、統一のためのコストを負担するというものだった。出資を担う諸州も、それを出発点とした。このドイツ統一基金は、一九九四年末までに一一五〇億ドイツ・マルクを調達した。うち二〇〇億ドイツ・マルクは連邦の支出を節約するかたちで調達され、残りは連邦と州および自治体による公債で調達された。その代わりに新連邦州は、一九九五年まで〔もともと西ドイツに存在した〕各州間の財政調整制度には組み込まれなかった。これにより、ドイツ統一のための資金調達に関して、二つの範例ができた。ひとつは、公債による調達、とりわけ通常予算から切り離された基金によるもの、もうひとつは、もっぱら連邦の負担である。

ドイツ統一には天文学的な額がかかり、そのスケールは誰にも予測できなかった。移転総額を精確に計算することはできない。個々の移転が、さまざまな費目に分けられたり、全般的な項目に統合されたりして、内訳を示すことが不可能だからである。ともあれ、新連邦州への経済支援や社会政策的給付による移転総額は、二〇〇六年までにおよそ一兆二〇〇〇億ユーロから一兆四〇〇〇億ユーロの規模に達したとされる。これは、西ドイツの毎年の国内総生産の四パーセントから五パーセントにあたる。それゆえ、「世界に比類なき規模」(ディーター・グローサー)と呼ばれるのである。

コストの内実

移転総額が予想外の規模であったこととはまた別に、「節約と増税と公債支出の最適な組み合わせ」(ティロ・ザラツィン〔二〇一〇年にイスラム系移民を批判して著名になった元ドイツ連邦銀行理事。統一当時は連邦財務省に勤務していた〕)を誤ったことも、重大な問題だった。第一に、統一のための追加コストが――節約や増税にもかかわらず――主として公債発行で調達されたことによって、公的債務が、一九八九年の九二九〇億ドイツ・マルクから、二倍以上の二兆一二五〇億ドイツ・マルクに膨れ上がる結果となった。それはとりわけ連邦が負担するところとなり、その債務は、二〇〇八年に金融危機が勃発するまでに一兆五〇〇〇億ユーロを超え、将来の世代へのコストとなった。

第二に、転換プロセスに伴う社会的保護――失業者支援と年金、とりわけ早期退職年金――は、一九九一年から九五年のあいだに移転額の少なくとも四分の一を占めたが、それを負担するのは失業保険および年金保険の被保険者であった。このことは、保険料に支えられた社会国家〔福祉国家〕の魔のスパイラルを始動させた。〔雇用者と被雇用者が拠出する〕社会保障分担金の引き上げが労働コストを高め、そしてそれがまた失業率を上昇させ、結果として保険料収入が低下するなかで社会福祉費を高めるというスパイラルである。〔第一国家条約によって〕設立された社会同盟は、東ドイツの転換に伴う深刻な経済的帰結を緩和し、社会への衝撃を和らげた。しかし同時に社会同盟は、経済と社会全体の構造転換のなかで、そうでなくとも改革を必要としていた連邦共和国の社会保障制度に、さらなる負担をかけた。さらに、新連邦州への移転が、財源分配、補助金、労働市場政策、社会給付に概して用いられ、西側との生産性ギャップを埋めるための投資にあまり振り向けられなかったことは、繰り返し批判されることになった。

ドイツ統一によって国家および社会給付は著しく上昇した。統一の遺産は、何よりもドイツにおける国家活動の甚だしい増大にある。同時に、ドイツ統一によってこの国は、一九九〇年の要求——西側の豊かさを失うことなく、東側を迅速に適応させること——を満たすために、構造的に相当な無理をした。残る問題は、他に選択肢《オルタナティブ》はあったのか、というものである。

5 他に選択肢はあったのか？

東ドイツでＳＥＤ支配が崩壊したのち、基本的に三つの要求が浮上した。すなわち、自由で民主主義的で多元主義的な法治国家を築くこと、経済的な生活条件を目に見えるかたちで改善すること、大量の住民流出を止めること、である。最後の点は、他の東側ブロック諸国とは異なる、東ドイツ固有の条件に関連している。つまり、西ドイツの存在である。東ドイツ人にとって西ドイツは、体制のオルタナティブを提示するとともに、個人には移住の可能性を、集団には編入の可能性を、憲法上保障するものだった。

できる限り完全なかたちで西ドイツの秩序を東ドイツに移植して、迅速な再統一を果たす——これに代わるオルタナティブは四つあった。第一は、「西ドイツに対するオルタナティブ」としての、独立し改革された東ドイツである。これは、反対派運動の人びとの多くが望んだものであり、自由な民主政となることが期待されていた。しかし、このオルタナティブは経済的な目標を欠いており、経済的にほとんど存続不可能だっただろう。そもそも経済的な次元は、反対派運動の視野にまったく入っていなかった。このオルタナティブの帰結は、さらなる住民流出だっただろう。そして、それとは別に、東ドイツ人の多数派も、そうした独立した東ドイツという解決法に反対しただろう――この点は、他のオルタナティブについても当てはまるのだが。

それに対して、もっぱら経済的な考慮から生まれたのが、西ドイツの経済専門家たちが支持した第二の選択肢である。経済全体の動向に関する専門家の助言は、拙速な通貨同盟の悪影響を的確に予測していた。そして彼らは、代わりに西ドイツへの東ドイツ経済の漸進的な適応を勧め、その適応は、やはり漸進的な国家統一への移行によって調整されるべきだと論じた。しかし、このオルタナティブは、社会的・政治的条件を考えていなかった。そうした安定化および適応政策は、賃金水準が西ドイツのそれとは断絶した、閉鎖的な経済空間を前提としただろう。しかし、それは東ドイツ人の脱出オプションによって最初から骨抜きにされ、やはり移住の波を止めることはできなかっただろう。「ドイツ・マルクが来るなら、われわれはとどまる。来ないならば、われわれがそちらに行く!」というスローガンが示すように、社会の現実は経済理論を反故《ほご》にしたのである。

　第三の選択肢は、一九九〇年に社会民主党の首相候補だったオスカル・ラフォンテーヌによるものである。彼は、コールの楽観的すぎる想定を厳しく批判していた。ラフォンテーヌのオルタナティブは、通貨同盟を当面は放棄し、国家統一と将来のヨーロッパ的解決の統合をめざすものだった。その構想では、東ドイツはさしあたり、西ドイツの有権者が受け入れ可能な枠組みで、社会給付のための無条件の財政支援を提供されるとされた。しかし、そうした枠組みは、統一国家のなかで実際に実施された移転の規模よりも、はるかに限定されたものしか提供できなかっただろう。さらに、このやり方では、東ドイツの非生産的な構造にさらに補助金が与えられることになる。それゆえこの選択肢は、西ドイツ人の受容に関してだけでなく、経済的な展望も欠いていたと言えよう。

　このことは、第四の選択肢だったハンス・モドロウの要求にも当てはまる。モドロウは、東ドイツを経済的に安定させ、〔西ドイツと〕同権のパートナーとしての再統一を可能にするため、西ドイツによる一〇〇億から一五〇億ドイツ・マルクの連帯分担金を求めていた。最終的に調達された総額や当時の東ドイツ経済が置かれていた状況に鑑みると、この構想は幻想だった。国境が開かれた状況では、たとえ西ドイツの支援を受けたとしても、東ドイツの自力での経済安定化（および住民流出の停止）は、もはや不可能だったのである。

いかにしてドイツ統一と東ドイツの市場経済への転換プロセスを、より少ない失業で、産業空洞化で崩壊させることなく、自立した経済構造をつくり上げながら、より少ない財政負担で、政治的に実現可能なやり方で、成し遂げることができるのか。上記のオルタナティブのどれも、十分に説得的ではなかった。要するに、この複雑な状況を伴う激しい転換プロセスのなかで浮かび上がったのは、建設的なオルタナティブよりも、むしろ逃れられないジレンマだった。つまり、経済的合理性と社会的要請とのあいだの、法的規範と歴史的現実とのあいだの、法と道徳のあいだの、そして過去の総括と現在の安定とのあいだのジレンマである。ロタール・デメジエールが述べたように、「二つの悪い解決策から選択することだけ」（つまり、悪さ加減の選択）が繰り返されたのである。

制度的には、西ドイツを模範とした迅速な統一に代わる有力なオルタナティブは、原則的に存在しなかった。問題の中心は、事実上不可避であった原則的な決断にではなく、むしろ楽観的な期待と、とりわけ一九九〇年一〇月三日を過ぎてからの基本的な態度にあったのである。

結 語——歴史のなかのドイツ統一

「われわれこそが人民だ(Wir sind das Volk)」と「われわれはひとつの国民／民族だ(Wir sind ein Volk)」——一九八九年の東ドイツにおける市民運動の目標は、一九世紀の市民的＝自由主義的(bürgerlich-liberal)で民主主義的な運動の伝統に連なるものだった。すなわち、人民主権、自由、国民の統一(nationale Einheit)である。一八四八／四九年に最初の革命の試みが挫折した後、一八七一年に、たしかにドイツ人はひとつの国民(*ein* Volk)となった。しかし、〔主権をもつ〕人民(*das* Volk)にはならなかった。小ドイツ的に統一された〔すなわち、オーストリアを排除してプロイセンを中心に統一された〕ドイツ帝国は、君主の優越を前提とした、人民主権なき立憲君主政だった。たしかに議会も権力をもち、時とともに重要性を増していったが、それでも議会主義的な政治体制でもなければ、ましてや民主主義的な政治体制ではなかった。世紀転換期には、ドイツの情況は先の見極めが難しいものとなった。議会制民主主義の発展という西ヨーロッパ全般のトレンドが進行する一方で、プロイセンの支配エリートたちがその流れを阻んでいた。また、帝国が経済的・技術的なダイナミズムと近代性を迸《ほとばし》らせる一方で、文化的ペシミズムと危機的な雰囲気が蔓延し、政治的な態度については、ナショナリズムと軍国主義、自信と苛立ち、不安と尊大さが、市民的近代《モデルネ》の危機を示していた。

第一次世界大戦の勃発は、そうした不明瞭な重苦しさを一掃してくれるように思えた――そして、ドイツを破局の時代に導いたのである。一九一四年八月一日は、一九／二〇世紀のヨーロッパ史、とりわけドイツ史における最も重要な転換点だった。突如として、この矛盾に満ちた国の輝かしい発展のチャンスが破壊されたのである。ヴァイマル共和国の議会制民主主義は、たしかに一九世紀の偉大なる希望を満たした。すなわち、このときドイツ人は〔主権者としての〕人民(*das Volk*)になったのである。しかし、それは一面でしかなかった。破滅的な戦争と敗北によってトラウマを抱え、占領と賠償負担によってプライドを傷付けられ、さらにインフレと世界経済危機によって荒廃し、ドイツ人は自由と民主主義に背を向けた。一九三八年にポール・ヴァレリーが述べたように、近代の危機が先鋭化するなかで、独裁という理念が「前世紀における自由の理念のように[……]伝染した」のである。

自由のみならず、根本的な権利も、ナチの独裁のなかで消滅した。ナチ独裁は、絶滅を辞さない暴力支配と人種主義を伴うものであり、それはユダヤ人や、他の国内のスティグマを付与された人びとに向けられた。また、多くの文化的・知的エリートが国外へと追いやられ、取り返しのつかない人的損失を招いた。そして、最終的にドイツの破局は、外に対する絶滅戦争へと行きついたのである。ジェノサイドは、ヨーロッパとドイツを、人道に対する犯罪という奈落の底に突き落とした。三〇年のあいだ、ドイツはあらゆるチャンスをつかみ損ねたのである。

戦後に世界とドイツは分断され、一方は繁栄し、他方は苦しんだ。西ドイツは幸運だった。ドイツ人が背負った罪責にもかかわらず、西ドイツはあまりそれに煩わされず、分断線の西側で、安定かつ繁栄した民主政を発展させることができた。それに対して東ドイツは、ソ連支配のもと、工場解体《デモンタージュ》、賠償、そしてさまざまな種類の徴発によって経済的に搾取され、社会主義的な独裁に縛り付けられた。さらに両ドイツ国家は、東西対立の接点にあり、核による抹殺の脅威に日常的に晒されていた——と同時に、いわば台風の目のなかで、比較的平穏に暮らしていた。

ドイツ問題は世界政治の情勢に左右される。そして、世界情勢が変化して初めて、一九六〇年代以来静止していたドイツ問題も、再び動き始めた。覇権国ソ連が新しい路線をとったとき、思いがけず新しい可能性と古い可能性が開けたのである。つまり、「われわれこそが人民だ」

と「われわれはひとつの国民だ！」を実現する可能性である。

振り返れば、近代ドイツの国民意識は、一八一三年にナポレオンに対する蜂起のなかで誕生したときから、一九四五年の敗北にいたるまで、戦争とともにあった（そしてそれはドイツだけではない）。しかし、一九九〇年のドイツ統一は——個別には違いがあるにせよ——初めて隣人たちとの協調のうえで、いかなる戦争の徴候もなく、成し遂げられた。一九九〇年の統一ドイツは満ち足りており、初めて人民主権と自由を調和させ、統一と平和を結び付けた——破局的な回り道を経て、一九世紀の希望が満たされたのである。

他方で、一九九〇年一一月に〔CSCEの〕パリ憲章が宣言したように、東西対立の終焉後に「民主主義、平和、統一の時代」が到来するという一九八九／九〇年の希望は、果たされなかった。二一世紀初頭の世界は、二つの顔をもっている。一方では、デジタル化、グローバル化、ヨーロッパ化、あるいはジェンダー関係の進展により、世界は根本的に変貌した。しかし他方では、一九八九／九〇年に考えられていたよりも、紛争の可能性が冷戦時代から変わっていないことも示された。一九九〇年には「歴史の終わり」（フランシス・フクヤマ）を体現していると思われた西側秩序は、いまや中国やロシアから挑戦を受けているだけではない。内部からも圧力に晒されているのである。

こうした背景に照らしても、ドイツの「第二のチャンス」(フリッツ・スターン)は歴史的な遺産と言うべき価値をもつ。一九八九/九〇年のドイツ革命は、まずもって市民の革命だった。お上の強制や国家による社会の統制に反対し、自由と自己責任を求めた革命だったのである。これらの価値は当然のものではないのだ。民主主義と豊かさ、市民の自由と自己責任は、「西側の価値」であり続けるし、それどころかまさに東西対立の終焉後も、不断の課題であり続けているのである。

訳者解説

一九九〇年一〇月三日に東西ドイツが統一してから、三〇年が経とうとしている。本書が店頭に並ぶころには、ドイツでは記念イベントが——新型コロナウイルス感染症の影響で規模が縮小されたり、オンライン開催だったりするだろうが——いくつも行われているはずである。すでに二〇一九年の一一月九日前後には、ベルリンの壁崩壊三〇周年を祝って、当地で多くの催しや式典が開かれた。またこの間、新聞、雑誌、テレビなどでドイツ統一に関するさまざまな特集が組まれ、関連書籍も続々刊行されている。

しかし、今次の式典や特集のトーンは、たとえば二〇〇九／一〇年の二〇周年のときに比べても、明らかに内省的なものとなっている。無理もなかろう。この一〇年、ヨーロッパは度重なる危機に見舞われた。たとえばユーロ危機、ウクライナ危機、難民危機、そして右翼ポピュリズムの台頭。さらに、冷戦終焉から三〇年を経ても、いまだ東西間の「心の壁」の存在が指摘され続けている。こうした危機や問題が、当初は「自由民主主義の勝利」と言祝《ことほ》がれた「一九八九年」やドイツ統一の意味の再考を促しているのである。

ドイツ統一は、冷戦の終焉を象徴する出来事であると同時に、現代ヨーロッパ、ひいては現代国際政治のあり方を規定するものでもあった。たとえばそれは、共通通貨をひとつの軸とするヨーロッパ連合（ＥＵ）を生み出すとともに、北大西洋条約機構（ＮＡＴＯ）の東方拡大へのきっかけともなった。そしてそれらは、ユーロ危機やウクライナ危機といった、現在のヨーロッパが抱える難問の遠因にもなっている。つまり、ドイツ統一は、冷戦や東西分断の「終わり」を象徴するだけでなく、現代の「始まり」に位置する出来事でもあるのだ。

それゆえ、東西ドイツの統一過程をあらためて歴史として振り返ることは、歴史的好奇心を満たすにとどまらず、現代世界の出発点を知るという意味でも重要だと言えよう。そして、最新の研究に基づきつつ、ドイツ統一の全体像を簡潔に描き出した本書は、そうした要請に応えるものである。

原書について

本書は、Andreas Rödder, *Geschichte der deutschen Wiedervereinigung*, 3. durchgesehene Auflage, München: C. H. Beck, 2020 の全訳である。原書の初版は二〇一一年に刊行され、二〇一八年に改訂第二版、そして二〇二〇年一月に改訂第三版が刊行された。版を重ねるごとに、第五章を中心に文章が加除修正され、また「解題付き文献表」がアップデートされているが、全体の構成や論旨はそれほど変わっていない。

原書は、ドイツの出版社C・H・ベックの「ヴィッセン(知識)」叢書の一冊である。この叢書は、あるテーマにつき、当該分野の権威が一般向けに新書サイズ・一〇〇ページ余りで解説するものである。ドイツの書店に入ると、たいていはこの叢書を収めたスタンドが設置してある。本叢書からの邦訳はすでに何冊も存在するが、たとえば拙訳のアンネッテ・ヴァインケ『ニュルンベルク裁判』(中公新書、二〇一五年)もそのうちの一冊である。

そうした叢書のなかの一冊ということもあり、原書は、現代ドイツにおいてドイツ統一史に関する最も標準的な入門書の位置を占めているといえよう。

なお、レダーは、二〇〇九年に『ドイツ、ひとつの祖国――再統一の歴史』(*Deutschland einig Vaterland. Die Geschichte der Wiedervereinigung*, München: C. H. Beck, 2009)という約五〇〇ページの大部のドイツ統一史を刊行しているが、本書の原書は、それを一般読者向けに簡潔にしたものである。原書に註はないが、二〇〇九年の本にあたると註に出典が明記してある。それゆえ、本書中の記述の詳細や出典を知りたい方は、二〇〇九年の著書をご参照いただきたい。

著者について

著者のアンドレアス・レダーは、いまドイツで最も精力的に活躍している現代史家のひとりである。著作が日本語に訳されるのは今回が初めてのため、ここで若干詳しく紹介しておこう。(1)

一九六七年に西ドイツのラインラント＝プファルツ州に生まれたアンドレアス・レダーは、ボン大学、テュービンゲン大学、シュトゥットガルト大学で歴史学や文学を学び、一九九五年にボン大学で歴史学の博士号を取得した。博士論文のテーマはヴァイマル共和国末期のドイツ外交であり、とくにグスタフ・シュトレーゼマンの後任であるユーリウス・クルティウス外相を対象としたものである。なお指導教員は、政治外交史の大家であり、ナチ外交研究の権威だったクラウス・ヒルデブラントである。

博士論文執筆後、レダーはシュトゥットガルト大学近代史講座の研究助手を務め(本講座の正教授はヒトラー研究で著名なエーバーハルト・イェッケル)、二〇〇一年に教授資格を取得した。教授資格論文のテーマは、一九世紀半ばのイギリス保守党の政治文化である。

そして、二〇〇五年四月にマインツ大学現代史講座の正教授に三七歳の若さで就任し、現在に至っている。この間、アメリカのブランダイス大学やイギリスのロンドン・スクール・オブ・エコノミクス（LSE）などで客員教授を務めた。また、『史学雑誌（*Historische Zeitschrift*）』をはじめとする学術雑誌の編集委員、ミュンヘン／ベルリンの現代史研究所などの研究機関の顧問、ボンの「ドイツ連邦共和国歴史館（Haus der Geschichte）」などの歴史博物館のアドバイザー、そしてドイツ連邦議会学術賞審査委員などのポストを歴任している。

レダーの著作は膨大である。本業の歴史研究以外にも政治的著作があるが（後述）、それを除いたとしても、ここで網羅的なリストを掲載することはできない。一三冊にのぼる編著や数十本の学術論文、そして無数の書評、エッセイ、各種メディアへのコメントなどは割愛し、以下では歴史研究の範疇に属する単著だけを挙げよう。

①*Stresemanns Erbe. Julius Curtius und die deutsche Außenpolitik 1929–1931*, Paderborn: Ferdinand Schöningh, 1996.〔『シュトレーゼマンの継承者――ユーリウス・クルティウスとドイツの外交政策、一九二九～一九三一年』。博士論文を公刊したもの〕

②*Die radikale Herausforderung. Die politische Kultur der englischen Konservativen zwischen ländlicher Tradition und industrieller Moderne 1846–1868*, München: Oldenbourg, 2002.〔『根

本的な挑戦——農村的伝統と工業的近代の狭間のイギリス保守党の政治文化、一八四六〜一八六八年』。教授資格論文を公刊したもの〕

③ *Die Bundesrepublik Deutschland 1969–1990*（=Oldenbourg Grundriß der Geschichte, Bd. 19a), München: Oldenbourg, 2004.〔『ドイツ連邦共和国、一九六九〜一九九〇年』〕

④ *Deutschland einig Vaterland. Die Geschichte der Wiedervereinigung*, München: C. H. Beck, 2009.〔『ドイツ、ひとつの祖国——再統一の歴史』〕

⑤ *Geschichte der deutschen Wiedervereinigung*, München: C. H. Beck, 2011; 2. überarb. Aufl., 2018; 3. Aufl., 2020.〔本書〕

⑥ *21.0. Eine kurze Geschichte der Gegenwart*, München: C. H. Beck, 2015; 5. aktualis. Aufl., 2017.〔『二一・〇——現代小史』〕

⑦ *Wer hat Angst vor Deutschland? Geschichte eines europäischen Problems*, Frankfurt a. M.: S. Fischer, 2018.〔『誰がドイツを恐れるのか？——ヨーロッパ問題の歴史』〕

レダーの研究の特徴は、あくまで伝統的な政治史・外交史の手法を基本とする一方で、社会科学の分野の知見を貪欲に取り入れていくところにある。なかでもレダーは、現代史を分析する際に、社会や文化における「価値観の転換（Wertewandel）」に着目するが、これは政治学者のロナルド・イングルハートらの研究を応用したものである。そのひとつの成果が、『ドイツ連邦共和国、一九六九〜一九九〇年』である⑶。同書は、研究の手引書として定評のあるオルデンブルク社の「歴史概説(Grundriß der Geschichte)」叢書の一冊だが、そこでは、古典的な政治史叙述に加え、ポスト近代社会における価値観の転換に焦点が当てられている。

後述のように、こうした伝統的な政治史アプローチと社会科学的知見の応用の組み合わせによって、ドイツ統一といった多層にまたがる事象の記述も可能となったと言えよう⑷⑸。

レダーは、本書の刊行でドイツ統一史研究にひと区切りをつけたのち、さらに野心的でスケールの大きな歴史研究に取り組んでいる。たとえば、一九七〇年代から現在にいたるグローバルな「現代史」叙述に挑戦する一方⑹、一九世紀以来の「ドイツ問題」の歴史、とりわけドイツ人の自己像と周辺国のドイツ像とのズレの歴史をたどった著作を発表している⑺。

このように旺盛に著作を発表し続けているレダーだが、現在は「ヨーロッパのグローバルな遺産」、すなわち一八世紀以来、ヨーロッパが世界に与えてきた正負の遺産の「総括」を試みる著作を準備中のようである。

なお、レダーは——本書の記述の端々からもうかがえるが——、中道保守のキリスト教民主同盟(CDU)の熱心な党員である。一般的にドイツの歴史家が自らの党派性や党籍を公言するのは珍しくもなく、また（たとえば日本などと比べても）ドイツでは歴史家と現実政治の距離は近い。とはいえ、レダーほど積極的に政治活動にコミットしている歴史家はそう多くない。新聞・テレビで現実政治について積極的に発言するだけでなく、二〇一一年および一六年のラインラント＝プファルツ州議会選挙では、ＣＤＵの教育・学術・文化担当大臣候補（いわゆる「影の内閣」の一員）として活動した。

またレダーは、前述の歴史書とは別に、二冊の政治マニフェストを出版している。(2) いずれも現代における保守主義の復権を唱えたものだが、党内政治の文脈では、アンゲラ・メルケル首相のもとで中道化したＣＤＵの保守回帰を訴えたものと言える。

マインツ大学のウェブサイト上の著作一覧にこの二冊を掲載していないことに鑑みると、レダーは一応、自らの歴史研究と政治活動を分けて考えているのかもしれない。しかし、当然ではあるが、現代に近づけば近づくほど、レダーの歴史研究も党派性が強くなる傾向にあることは否めず、ドイツ統一に関する本書もそれを免れていないことに注意が必要である。

本書について

さて、本書『ドイツ統一』の最大の特徴は、東西ドイツの統一過程の全体像を体系的に描いたことにある。
まずレダーは、ドイツ統一を、大きく二つの局面から成る「ドイツ革命」だと捉える。第一の局面は、一九八九年秋の東ドイツにおける「平和革命」であり、ドイツ社会主義統一党(SED)の一党支配体制の崩壊局面である。この局面の主役は、東ドイツの市民運動であった。そして第二は、再統一、すなわち東ドイツの西ドイツへの編入局面である。この局面の主役は、ヘルムート・コール首相率いるボンの西ドイツ政府であった。ボン政府は、東ドイツの多数派の人びとの願望をうまく捉え、それを梃子にして国際的にも国内的にも自らの立場を押し通し、迅速かつ平和的な統一を達成したのである。

こうした大きな流れを押さえたうえで、革命前夜の国際環境の叙述に始まり、東ドイツの劇的な諸事件、西ドイツ政府のドイツ統一政策、統一をめぐる米英仏ソの戦勝四か国との国際交渉、そして東西統一の確立過程まで、さまざまなレベルで起きた事象について、本書は流れるように叙述する。その手腕は見事としか言いようがない。

従来のドイツ統一に関する歴史叙述は、①もっぱら東ドイツの市民運動を中心とした「平和革命」として統一を描くものか、②ドイツ統一をめぐる各国政治の駆け引きを論じたものに大きく分かれてきた。前者の代表としては、邦訳もあるエールハルト・ノイベルトの『われらが革命』やイルコ＝ザシャ・コヴァルチュクの『エンドゲーム』が挙げられよう。(3) 後者の国際政治的側面については、日本でも高橋進『歴史としてのドイツ統一』という傑作がある(後述の読書案内を参照)。

しかし、両者、すなわちドイツ統一の対内的側面と対外的側面を総合して叙述することはきわめて難しい。レダーの著作は、それを初めて学術的なレベルで成し遂げたものと言えよう。(4)

その際、レダーは、あくまで歴史学の対象としてドイツ統一を扱おうとしている。実のところ、東西ドイツ統一は、「同時代史」としては史料的に恵まれた対象である。統一直後から関係者の回顧録が大量に出版されるとともに、旧東側の史料はかなり広範に公開されてきた。また、西側の関係各国も「三〇年原則」を度外視して関連史料を公開している(「解題付き文献表」の「史料集」と「回顧録」の欄を参照)。こうした公刊史料および文書館史料を存分に駆使することで、レダーは、本書の基となった二〇〇九年の本について、「一九八九／九〇年の再統一に関する最初の学術的な通史」だと自信をもって述べている。(5)

加えて、さらなる本書の特徴は、フランス革命以来のドイツ近現代史の長期的な流れのなかにドイツ統一を埋め込もうとしていることである。具体的に言えば、レダーは、一九八九／九〇年のドイツ統一を、一九世紀以来の市民運動の伝統に位置付けようとする。

振り返れば、近代以来のドイツの歴史は、自由と人民主権と国民的統一を同時に実現しようとして、その都度挫折してきた歴史であった。レダーが結語で述べるように、一八四八年の革命は挫折し、ビスマルクによるドイツ帝国創建は統一しか達成せず、自由と人民主権は等閑にした。さらに第一次世界大戦後のヴァイマル共和国でドイツ人はようやく人民主権を手にしたものの、自由からは離反していった。その行き着いた先がナチだったことは言うまでもない。そうしたなか、一九九〇年のドイツ統一は、「初めて人民主権と自由を調和させ、統一と平和を結び付けた」ものであった。レダーによれば、ようやく「一九世紀の希望が満たされた」のである。

なお、ここで注意したいのは、レダーが一九九〇年のドイツ統一をあくまで「ドイツ再統一(Wiedervereinigung)」と呼んでいることである(原書のタイトルは直訳すれば『ドイツ再統一の歴史』である)。

そもそも、一九九〇年の「統一」をどう呼ぶかは、それ自体政治的である。東西分断時代、実際に統一がアジェンダとなる以前は、「再統一」と言えば、一九三七年国境での統一、すなわちオーデル＝ナイセ以東の旧東部領域も含めた統一を指し、主に保守派の語彙であった。そうした経緯もあり、一九九〇年のドイツ統一――そもそも九〇年に成立した統一ドイツは、領域的にはドイツ史上初めてのものである——については、「再統一」ではなく、「ドイツ統一」(“Deutsche Vereinigung”や“Deutsche Einheit”など)と呼ばれることが多い。

それでもレダーは、あくまで「再統一」という言葉にこだわる。それは、結語で明らかなように、長期的な歴史のなかで、再びドイツ人がひとつになったという側面を重視しているからである(それゆえレダーは、地理的な響きをもつ“Wiedervereinigung Deutschlands”ではなく、人的な意味が強い“deutsche Wiedervereinigung”を用いる)(6)。こうした言葉の選び方からも、レダーの保守派としての自意識を読み取ることができよう。

以上からも明らかなように、レダーは基本的にドイツ統一を「成功」の歴史として描く。そしてそれは、現在のドイツ連邦共和国の公的な語りに近いものである。とはいえレダーは、本書によって、ドイツ国内に根強い二つの「物語」(あるいは「神話」)の相対化をめざしている。

第一は、「平和革命」の物語である。これは、単純に言えば、東ドイツの市民運動が共産党の一党支配体制を打倒したというものだ。これに対しレダーは、ゴルバチョフの登場という国際的な文脈が決定的だったと強調する。つまり、国際政治の構造が変動して初めて、東ドイツの運動もポテンシャルをもつことができたとするのである(7)。

第二は、「コーカサスの神話」である。これは、一九九〇年七月一七日のコーカサスにおけるコールとゴルバチョフの独ソ首脳会談が、統一ドイツのNATO帰属問題――ドイツ統一プロセスの対外的側面のなかで最大の難問――を解決したとするものであり、コールや彼の側近テルチクの回顧録が広めたイメージである。しかしレダーは、それ以前の五月のブッシュ=ゴルバチョフ会談ですでに「突破」が成し遂げられたのであり、決してコーカサスでの会談は「突破」ではなかったと強調するのである（本書一二六ページなどを参照）[8]。

この他にもレダーは本書で、さまざまな俗説を一蹴している。たとえば、「コールは統一のためにドイツ・マルクを犠牲にした」であるとか、「コールはゴルバチョフから統一をカネで買った」であるとか、そういった俗説である。これらにレダーがどう反論しているかは、本文をお読みいただきたい。

もちろん、レダーの研究にはさまざまな批判も寄せられている。それらは、大きく二つの（相互に関連する）批判に括ることができよう。ひとつは、その単純すぎる東ドイツ理解である。とりわけ近年の社会史や日常史研究の進展に鑑みると、本書のSED体制に関する記述や、「反対派」および「大衆」の理解はあまりに平板と言えよう。ここで詳述はできないが、東ドイツの人びとの体制との関わり方は、より多様だったのである。そしてもうひとつは、すでに触れたように、その明白な「成功史観」である。

概して、レダーのドイツ統一史は、歴史家コンラート・ヤーラオシュらも指摘するように、「政治中心の西側目線」(9)で書かれた「上からの歴史」(10)だと言えよう。

こうした叙述の問題性は、ドイツの現状を考えると、よりはっきりとしてくる。しばしば日本のメディアでも報道されるように、東西ドイツ間の「壁」は、物理的な壁が崩壊してから三〇年を経ても、なお残っている。

実際、レダーも指摘するように、経済面に関しては、たしかに状況は改善している。二〇〇五年に二〇パーセントに達していた旧東ドイツ地域の失業率は、二〇一九年秋には六・一パーセントにまで下がった(旧西側の失業率は四・九パーセント)。平均収入などでまだ開きはあるもの の(二〇一八年で西側の平均年収は三万六〇〇〇ユーロ、東側は三万一〇〇〇ユーロ)、各種の経済指標だけ見れば、東西の格差は縮まっている。こうした状況を受けて、旧東ドイツ地域のインフラ整備にあてられてきた所得付加税である「連帯税」も、二〇二一年には納税者の約九割を対象に廃止される方針だ。

しかし、問題は心理面である。二〇一九年九月末にドイツ政府が公表した世論調査の結果は、重い。旧東ドイツ地域の人びとの実に五七パーセントが自らを「二級市民」だと考え、また

「東西統一は成功した」と答えた人は三八パーセントにとどまったのである。

こうした心理が、右翼ポピュリズム政党「ドイツのための選択肢(AfD)」がとりわけ旧東ドイツ地域で支持を集める背景になっている。二〇一九年の九月と一〇月には旧東ドイツ三州で州議会選挙が行われたが、そのすべてでAfDは得票率二割を超えた。AfDは旧東ドイツ市民の劣等感につけこむことで、東西間の心理的な溝をむしろ広げる役割を果たしている。

こうした状況を考えると、レダーほどドイツ統一プロセスを肯定的に描くことは躊躇《ためら》われよう。ドイツの現状を理解するためにも、より「下からの」社会史的・日常史的視点の研究も必要とされるところである[11]。

読書案内

ここでは、ドイツ統一についてさらに理解を深めたい方のために、日本語で読める関連文献を、訳者の責任において、ごくわずかではあるが挙げておきたい。本リストはあくまで入門的かつ限定的なものであり、さらに一歩進んでドイツ統一を深く研究したい方は、レダーによる「解題付き文献表」を参照されたい。

前述のように、レダーは一九世紀以降のドイツ近現代史のなかに一九九〇年のドイツ統一を位置付けようとするが、そもそも大まかなドイツ近現代史像が頭に入っていないと、本書の結論は理解しにくいかもしれない。

そこで、初めにドイツ近現代史の概説書から紹介しよう。まず、予備知識をもたない方には、**石田勇治**(編)『**図説 ドイツの歴史**』(河出書房新社〔ふくろうの本〕、二〇〇七年)をお勧めしたい。比較的新しい研究を取り込みながら、豊富な図版を用いてドイツ近現代史の流れを簡潔に説明した良書である。初学者向けにもう一冊挙げるなら、**森井裕一**(編)『**ドイツの歴史を知るための50章**』(明石書店〔エリア・スタディーズ〕、二〇一六年)だろうか。この二冊には「ブックガイド」が付いているので、あとはそこから芋づる式に読んでいけばいいだろう。

現時点で、日本語で読めるドイツ近現代史の最高峰は、**ハインリヒ・アウグスト・ヴィンクラー**『**自由と統一への長い道**』(全二巻、後藤俊明・奥田隆男・中谷毅・野田昌吾訳、昭和堂、二〇〇八年)である。二段組で計一四〇〇頁とハードルは高いかもしれないが、ある程度の予備知識があれば無類に面白いので、ぜひ挑戦してみてほしい。

戦後の分断時代に関しては、**メアリー・フルブルック**『**二つのドイツ 1945—1990**』(芝健介訳、岩波書店〔ヨーロッパ史入門〕、二〇〇九年)が、コンパクトながらも、東西ドイツの歴史をバランスよく記述し、さらに政治・経済・社会・文化の諸側面から二つのドイツを比較分析した良書である。

ベルリンの壁についても日本語で読める文献は少なくないが、学術的に信頼できるものとして、**エトガー・ヴォルフルム『ベルリンの壁――ドイツ分断の歴史』**(**飯田収治・木村明夫・村上亮訳、洛北出版**、二〇一二年)を勧めたい。

ティモシー・ガートン・アッシュ『ヨーロッパに架ける橋――東西冷戦とドイツ外交』(**上下巻、杉浦茂樹訳、みすず書房**、二〇〇九年)は、歴史家でありジャーナリストでもある著者が、ヴィリー・ブラント政権以降の西ドイツの「東方政策」がどれだけドイツ統一に貢献したのか(あるいはしなかったのか)を分析した書である。こちらも一見ハードルが高いが、読み始めてみると、推理小説のような面白さがある。

東ドイツについては、**ウルリヒ・メーラート『東ドイツ史 1945―1990』**(**伊豆田俊輔訳、白水社**、二〇一九年)が、伝統的な政治史の立場からの、最も標準的な通史と言えよう。一方、近刊の**河合信晴『物語 東ドイツの歴史』**(**中公新書**、二〇二〇年刊行予定)は、最前線の社会史や日常史の成果も取り入れた最新の通史である。

本文を読めばわかるように、レダーは「ドイツ革命」の開始にあたってゴルバチョフが果たした役割を最も重視している。ゴルバチョフについては、レダーも挙げているアーチー・ブラウン『ゴルバチョフ・ファクター』に加えて、ウィリアム・トーブマン『ゴルバチョフ——その人生と時代』（上下巻、松島芳彦訳、白水社、二〇一九年）が傑出した伝記としてお勧めできる。また、ソ連崩壊に関しては、塩川伸明『冷戦終焉20年——何が、どのようにして終わったのか』（勁草書房、二〇一〇年）が参考になる。

東欧革命については、ヴィクター・セベスチェン『東欧革命1989——ソ連帝国の崩壊』（三浦元博・山崎博康訳、白水社、二〇〇九年）とマイケル・マイヤー『1989世界を変えた年』（早良哲夫訳、作品社、二〇一〇年）の二冊が読ませる。

東ドイツの平和革命に関しては、代表的研究であるエールハルト・ノイベルト『われらが革命 1989年から90年——ライプチッヒ、ベルリン、そしてドイツの統一』（山木一之訳、彩流社、二〇一〇年）が、やや硬い訳文ではあるものの、日本語で読めるのは嬉しい。

ドイツ統一をめぐる国際政治に関しては、高橋進『歴史としてのドイツ統一——指導者たちはどう動いたか』（岩波書店、一九九九年）が挙げられる。この書は、現在から見れば史料的な制約を抱えているものの、さまざまな指導者の回顧録を駆使することでバランスのとれた叙述に成功しており、当時としては国際的に見ても最高水準の研究だと言える。

＊　＊

本書の企画段階では、岩波書店の小田野耕明さんにお世話になった。そして、本書の編集を担当してくださったのは、同じく岩波書店の飯田建さんである。お二人に感謝を申し上げたい。また、東ドイツ史を専門とする広島大学の河合信晴さんは、ご多忙のなか草稿に目を通してくださり、多くの誤りを指摘してくださった。心よりの御礼を申し上げる。

二〇二〇年七月

訳　者

（1）レダーの経歴や業績リストについては、所属先のマインツ大学のウェブサイトを参照。https://neuestegeschichte.uni-mainz.de/personen/univ-prof-dr-andreas-roedder/（最終閲覧：二〇二〇年七月三一日）

（2）*Was ist heute konservativ? Eine Standortbestimmung*, Merzig: Gollenstein Verlag, 2012; *Konservativ 21.0: Eine Agenda für Deutschland*, München: C. H. Beck, 2019.

(3) Ilko-Sascha Kowalczuk, *Endspiel. Die Revolution von 1989 in der DDR*, München: C. H. Beck, 2009. ノイベルトについては、読書案内を参照。

(4) 以下の研究レビューを参照。Manfred Agethen, "20 Jahre Friedliche Revolution und deutsche Einheit: Die wichtigsten Neuerscheinungen der Gedenkjahre 2009 und 2010," *Historisch-Politische Mitteilungen*, Heft 18, 2011, S. 249–290, hier S. 271–275; Beatrix Bouvier, "Friedliche Revolution und deutsche Einheit. Ein Rückblick auf die Jubiläumsjahre 2009 und 2010," *Archiv für Sozialgeschichte*, Bd. 51, 2011, S. 555–590, hier S. 587 f. また、「解題付き文献表」の一五〜一六ページにある Wentker の論文も参照。

(5) *Deutschland einig Vaterland. Die Geschichte der Wiedervereinigung*, München: C. H. Beck, 2009, S. 12.

(6) Ebd., S. 366.

(7) 以下も参照。Andreas Rödder, "Transferring a civil revolution into high politics: The West German drive for unification and the new European order," in: Frédéric Bozo/Andreas Rödder/Mary Elise Sarotte (eds.), *German Reunification: A Multinational History*, London: Routledge, 2017, pp. 43–66.

(8) 以下も参照。Andreas Rödder, "'Breakthrough in the Caucasus?' German Reunification as a Challenge to Contemporary Historiography," *German Historical Institute London Bulletin*, vol. 24, no. 2, 2002, pp. 7–35.

(9) Konrad H. Jarausch, "Rezension zu: Andreas Rödder, Deutschland einig Vaterland. Die Geschichte der Wiedervereinigung. München 2009," H-Soz-Kult, 28. 09. 2010. https://www.hsozkult.de/publicationreview/id/reb-14372（最終閲覧：二〇二〇年七月三一日）

（10） Kerstin Brückweh, "Das vereinte Deutschland als zeithistorischer Forschungsgegenstand," *Aus Politik und Zeitgeschichte*, 70. Jg., 28-29/2020, 6. Juli 2020, S. 4-10, hier S. 6.

（11） さらに言えば、政治史を専門とする訳者としても、レダーの議論に異論はある。それは何よりも、西ドイツの政策を語る際の「コール中心史観」である。たとえば外交政策については、レダーのように、コールと首相府だけを見ていても理解できない。この点については、やや専門的になるが、以下の拙稿を参照。「「制約なき完全な主権」を求めて――統一ドイツNATO帰属問題とゲンシャー外交」『年報政治学』２０１９－Ⅰ号、二〇一九年、一五九－一八〇ページ、「ドイツ統一交渉と冷戦後欧州安全保障秩序の端緒――NATO不拡大をめぐる西ドイツ外交」『国際政治』第二〇〇号、二〇二〇年、六七－八三ページ。

岩波新書／最新刊から

1839 **イスラームからヨーロッパをみる**
―社会の深層で何が起きているのか―
内藤正典 著
シリアと難民、トルコの存在など過去二〇年間の出来事を、著者四〇年のフィールドワークをもとにイスラームの視座から読み解く。

1840 **コロナ後の世界を生きる**
―私たちの提言―
村上陽一郎 編
今後に私たちを待ち受けているのは、いかなる世界なのか。コロナ後を生き抜くための指針を、各界の第一人者二四名が提言。

1773 シリーズ アメリカ合衆国史④
グローバル時代のアメリカ
冷戦時代から21世紀
古矢旬 著
黄金時代の「アメリカの夢」を失い、統御不能なグローバル化と和解困難な国内の分極化へ向かう現代史を描く。

1841 **カエサル**
―内戦の時代を駆けぬけた政治家―
小池和子 著
共和政末期の政治社会状況やキケローら同時代人の動向、『ガリア戦記』などの彼自身の著作活動にも着目し、その苛烈な生涯を描く。

1842 **美しい数学入門**
伊藤由佳理 著
分類の美から説き起こし、集合と論理、群論、線形代数学へと進む。「美しい」を切り口とした、文系理系を問わない数学入門。

1843 **人口の中国史**
―先史時代から一九世紀まで―
上田信 著
一八世紀の人口爆発を知れば、本当の中国が見えてくる。大変化のメカニズムを明らかにし、歴史と現在を人口から大胆に読み解く。

1844 **性からよむ江戸時代**
―生活の現場から―
沢山美果子 著
妻との交合を記す日記や、夫婦間の裁判沙汰、医者の診療記録などを丹念に読み、江戸時代に生きた普通の女と男の性意識に迫る。

1845 **国際人権入門**
―現場から考える―
申惠丰 著
日本社会で現実に起きている人権問題も、国際人権基準から考えることで解決への新たな視座が得られる。実践的な入門書。

(2020. 9)

岩波新書より

モロッコ　山田吉彦
シベリアに憑かれた人々　加藤九祚
自由への大いなる歩み　M・L・キング　雪山慶正訳
インカ帝国　泉靖一
中国の隠者　富士正晴
漢の武帝　吉川幸次郎
インドとイギリス　吉岡昭彦
魔女狩り　森島恒雄
ヨーロッパとは何か　増田四郎
世界史概観　上・下　H・G・ウェルズ　長谷部文雄　阿部知二訳
歴史とは何か　E・H・カー　清水幾太郎訳
一軍人の思想　ゼークト　篠田英雄訳
奉天三十年　上・下　クリスティー　矢内原忠雄訳
ドイツ戦歿学生の手紙　ヴィットコップ編　高橋健二訳
アラビアのロレンス　改訂版　中野好夫

岩波新書より

多民族国家 中国　王　柯
国連とアメリカ　最上敏樹
東アジア共同体　谷口　誠
ヨーロッパとイスラーム　内藤正典
現代の戦争被害　小池政行
帝国を壊すために　アルンダティ・ロイ　本橋哲也訳
多文化世界　青木　保
デモクラシーの帝国　藤原帰一
パレスチナ〔新版〕　広河隆一
人道的介入　最上敏樹
異文化理解　青木　保
ロシア市民　中村逸郎
ロシア経済事情　小川和男
南アフリカ「虹の国」への歩み　峯　陽一
ユーゴスラヴィア現代史　柴　宜弘
ビルマ「発展」のなかの人びと　田辺寿夫
東南アジアを知る　鶴見良行
獄中19年　徐　勝

モンゴルに暮らす　一ノ瀬恵
チェルノブイリ報告　広河隆一
イスラームの日常世界　片倉もとこ
サッチャー時代のイギリス　森嶋通夫
エビと日本人　村井吉敬
バナナと日本人　鶴見良行
韓国からの通信　T・K生　「世界」編集部編
現代支那論　尾崎秀実

岩波新書より

現代世界

- トランプのアメリカに住む　吉見俊哉
- ライシテから読む現代フランス　伊達聖伸
- ベルルスコーニの時代　村上信一郎
- イスラーム主義　末近浩太
- ルポ 不法移民 アメリカ国境を越えた男たち　田中研之輔
- 習近平の中国 百年の夢と現実　林望
- 日中漂流　毛里和子
- 中国のフロンティア　川島真
- シリア情勢　青山弘之
- ルポ トランプ王国　金成隆一
- ルポ 難民追跡 バルカンルートを行く　坂口裕彦
- アメリカ政治の壁　渡辺将人
- プーチンとG8の終焉　佐藤親賢
- 香港 中国と向き合う自由都市　倉田徹・張イクマン
- 〈文化〉を捉え直す　渡辺靖

- イスラーム圏で働く　桜井啓子編
- 中南海 知られざる中国の中枢　稲垣清
- フォト・ドキュメンタリー 人間の尊厳　林典子
- ㈱貧困大国アメリカ　堤未果
- 女たちの韓流　山下英愛
- 新・現代アフリカ入門　勝俣誠
- 中国の市民社会　李妍焱
- 勝てないアメリカ　大治朋子
- ブラジル 跳躍の軌跡　堀坂浩太郎
- 非アメリカを生きる　室謙二
- ネット大国中国　遠藤誉
- 中国は、いま　国分良成編
- ジプシーを訪ねて　関口義人
- 中国エネルギー事情　郭四志
- アメリカン・デモクラシーの逆説　渡辺靖
- ユーラシア胎動　堀江則雄
- オバマ演説集　三浦俊章編訳
- ルポ 貧困大国アメリカII　堤未果

- オバマは何を変えるか　砂田一郎
- イスラエル　臼杵陽
- ネイティブ・アメリカン　鎌田遵
- アフリカ・レポート　松本仁一
- ヴェトナム新時代　坪井善明
- イラクは食べる　酒井啓子
- ルポ 貧困大国アメリカ　堤未果
- エビと日本人II　村井吉敬
- 北朝鮮は、いま　北朝鮮研究学会編 石坂浩一監訳
- 欧州連合 統治の論理とゆくえ　庄司克宏
- バチカン　郷富佐子
- 国際連合 軌跡と展望　明石康
- アメリカよ、美しく年をとれ　猿谷要
- 日中関係 戦後から新時代へ　毛里和子
- いま平和とは　最上敏樹
- 「民族浄化」を裁く　多谷千香子
- サウジアラビア　保坂修司
- 中国激流 13億のゆくえ　興梠一郎

社会

- サイバーセキュリティ　谷脇康彦
- まちづくり都市 金沢　山出保
- 虚偽自白を読み解く　浜田寿美男
- 総介護社会　小竹雅子
- 戦争体験と経営者　立石泰則
- 住まいで「老活」　安楽玲子
- 現代社会はどこに向かうか　見田宗介
- EVと自動運転　クルマをどう変えるか　鶴原吉郎
- ルポ 保育格差　小林美希
- 津波災害〔増補版〕　河田惠昭
- 棋士とAI　王銘琬
- 原子力規制委員会　新藤宗幸
- 東電原発裁判　添田孝史
- 日本問答　田中優子・松岡正剛
- 日本の無戸籍者　井戸まさえ
- 〈ひとり死〉時代のお葬式とお墓　小谷みどり

- 町を住みこなす　大月敏雄
- 親権と子ども　榊原富士子・池田清貴
- 歩く、見る、聞く 人びとの自然再生　宮内泰介
- 対話する社会へ　暉峻淑子
- 悩みいろいろ　金子勝
- 魚と日本人　食と職の経済学　濱田武士
- ルポ 貧困女子　飯島裕子
- 鳥獣害　動物たちと、どう向きあうか　祖田修
- 科学者と戦争　池内了
- 新しい幸福論　橘木俊詔
- ブラックバイト　学生が危ない　今野晴貴
- 原発プロパガンダ　本間龍
- ルポ 母子避難　吉田千亜
- 日本にとって沖縄とは何か　新崎盛暉
- 日本病　長期衰退のダイナミクス　金子勝・児玉龍彦
- 雇用身分社会　森岡孝二
- 生命保険とのつき合い方　出口治明

- ルポ にっぽんのごみ　杉本裕明
- 鈴木さんにも分かるネットの未来　川上量生
- 地域に希望あり　大江正章
- 世論調査とは何だろうか　岩本裕
- フォト・ストーリー 沖縄の70年　石川文洋
- ルポ 保育崩壊　小林美希
- 多数決を疑う　社会的選択理論とは何か　坂井豊貴
- アホウドリを追った日本人　平岡昭利
- 朝鮮と日本に生きる　金時鐘
- 被災弱者　岡田広行
- 農山村は消滅しない　小田切徳美
- 復興〈災害〉　塩崎賢明
- 「働くこと」を問い直す　山崎憲
- 原発と大津波 警告を葬った人々　添田孝史
- 縮小都市の挑戦　矢作弘
- 福島原発事故 被災者支援政策の欺瞞　日野行介
- 日本の年金　駒村康平

岩波新書新赤版一〇〇〇点に際して

ひとつの時代が終わったと言われて久しい。だが、その先にいかなる時代を展望するのか、私たちはその輪郭すら描きえていない。二〇世紀から持ち越した課題の多くは、未だ解決の緒を見つけることのできないままであり、二一世紀が新たに招きよせた問題も少なくない。グローバル資本主義の浸透、憎悪の連鎖、暴力の応酬――世界は混沌として深い不安の只中にある。

現代社会においては変化が常態となり、速さと新しさに絶対的な価値が与えられた。消費社会の深化と情報技術の革命は、種々の境界を無くし、人々の生活やコミュニケーションの様式を根底から変容させてきた。ライフスタイルは多様化し、一面では個人の生き方をそれぞれが選びとる時代が始まっている。同時に、新たな格差が生まれ、様々な次元での亀裂や分断が深まっている。社会や歴史に対する意識が揺らぎ、普遍的な理念に対する根本的な懐疑や、現実を変えることへの無力感がひそかに根を張りつつある。そして生きることに誰もが困難を覚える時代が到来している。

しかし、日常生活のそれぞれの場で、自由と民主主義を獲得し実践することを通じて、私たち自身がそうした閉塞を乗り超え、希望の時代の幕開けを告げてゆくことは不可能ではあるまい。そのために、いま求められていること――それは、個と個の間で開かれた対話を積み重ねながら、人間らしく生きることの条件について一人ひとりが粘り強く思考することではないか。その営みの糧となるものが、教養に外ならないと私たちは考える。歴史とは何か、よく生きるとはいかなることか、世界そして人間はどこへ向かうべきなのか――こうした根源的な問いとの格闘が、文化と知の厚みを作り出し、個人と社会を支える基盤としての教養となった。まさにそのような教養への道案内こそ、岩波新書が創刊以来、追求してきたことである。

岩波新書は、日中戦争下の一九三八年一一月に赤版として創刊された。創刊の辞は、道義の精神に則らない日本の行動を憂慮し、批判的精神と良心的行動の欠如を戒めつつ、現代人の現代的教養を刊行の目的とする、と謳っている。以後、青版、黄版、新赤版と装いを改めながら、合計二五〇〇点余りを世に問うてきた。そして、いままた新赤版が一〇〇〇点を迎えたのを機に、人間の理性と良心への信頼を再確認し、それに裏打ちされた文化を培っていく決意を込めて、新しい装丁のもとに再出発したいと思う。一冊一冊から吹き出す新風が一人でも多くの読者の許に届くこと、そして希望ある時代への想像力を豊かにかき立てることを切に願う。

（二〇〇六年四月）

アンドレアス・レダー（Andreas Rödder）

1967年生まれ．マインツ大学教授(現代史)．ボン大学，テュービンゲン大学などで歴史学を学び，1995年にボン大学で博士号を取得，2001年にシュトゥットガルト大学で教授資格を取得．2005年より現職．著書に，本書のほか，*Die Bundesrepublik Deutschland 1969-1990* (München: Oldenbourg, 2004)〔『ドイツ連邦共和国，1969〜1990年』〕，*21. 0. Eine kurze Geschichte der Gegenwart* (München: C. H. Beck, 2015)〔『21. 0── 現代小史』〕，*Wer hat Angst vor Deutschland? Geschichte eines europäischen Problems* (Frankfurt a. M.: S. Fischer, 2018)〔『誰がドイツを恐れるのか？ ── ヨーロッパ問題の歴史』〕など多数．

板橋拓己

1978年生まれ．成蹊大学法学部教授．専攻は国際政治史，ヨーロッパ政治史．著書に『中欧の模索』(創文社)，『アデナウアー』(中公新書)，『黒いヨーロッパ』(吉田書店)ほか．

ドイツ統一
アンドレアス・レダー　　岩波新書(新赤版)1847

2020年9月18日　第1刷発行

訳　者　板橋拓己《いたばしたくみ》

発行者　岡本　厚

発行所　株式会社 岩波書店
〒101-8002 東京都千代田区一ツ橋 2-5-5
案内 03-5210-4000　営業部 03-5210-4111
https://www.iwanami.co.jp/

新書編集部 03-5210-4054
https://www.iwanami.co.jp/sin/

印刷・精興社　カバー・半七印刷　製本・中永製本

ISBN 978-4-00-431847-7　　Printed in Japan

人名索引

タ 行

ナ 行

ハ 行

マ 行

ヤ 行

ラ 行

関連年譜

1989年

5月 7日	東ドイツで地方議会選挙
7月7–8日	ブカレストでワルシャワ条約政治諮問委員会，ブレジネフ・ドクトリンの放棄
8月19日	ショプロンでパンヨーロッパ・ピクニック，オーストリア＝ハンガリー間の国境を越えて東ドイツ人が大量に亡命
9月	東ドイツにおける反対派グループの形成(9月10日，「新フォーラム」の設立アピール)
9月11日	ハンガリーとオーストリア間の国境開放
9月30日	プラハとワルシャワの西ドイツ大使館に滞在していた東ドイツ難民の出国開始
10月4–5日	ドレスデン中央駅でデモ参加者と国家治安当局との暴力的衝突
10月 7日	東ドイツ建国40周年記念式典
10月 9日	ライプツィヒで大勢を決する月曜デモ
10月18日	エーリヒ・ホーネッカーがSED書記長を辞任，後任にエーゴン・クレンツ
10月30日	東ドイツの経済状況に関するシューラー報告
11月 4日	東ベルリンのアレクサンダー広場で大規模デモ
11月 9日	ベルリンの壁およびドイツ内部国境の開放
11月13日	東ドイツでハンス・モドロウ政権発足．ライプツィヒの月曜デモで，初めて「ドイツ，ひとつの祖国」というシュプレヒコールが登場
11月17日	モドロウ，政府声明で両ドイツ国家の「条約共同体」を提案
11月26日	アピール「われわれの国のために」
11月28日	ヘルムート・コール，「10項目」発表
11月29日	アメリカ政府，「4原則」発表

12月 7日　東ベルリンで中央円卓会議の初会合
12月8-9日　SEDの特別党大会，新党首にグレーゴル・ギジを選出
12月11日　ベルリンで第二次世界大戦の戦勝四か国が大使級会議
12月19-20日　コール，ドレスデン訪問
12月22日　ブランデンブルク門開放

1990年

1月 4日　ヘルムート・コールがラチェを訪問し，フランソワ・ミッテランと会談
1月15日　東ベルリンのノルマンネン通りにあるシュタージ本部が占拠される
1月26日　ソ連指導部，ドイツ再統一の容認を決断
1月29日　モドロウ，人民議会で経済状況の「憂慮すべき」悪化について演説
2月 5日　東ドイツで反対派の代表者が政権に参加
2月 7日　西ドイツ，東ドイツに対して経済・通貨同盟を提案
2月10-11日　西ドイツ政府代表団，モスクワ訪問
2月13日　オープン・スカイ交渉(オタワ)の場で「2＋4プロセス」成立
2月24-25日　ヘルムート・コール，キャンプ・デーヴィッドを訪問し，ジョージ・ブッシュおよびジェイムズ・ベーカーと会談
3月18日　東ドイツ人民議会選挙
4月12日　デメジエール政権発足
4月28日　ダブリン欧州理事会
5月 5日　第1回「2＋4」外相会議(ボン)
5月16日　「ドイツ統一基金」設立
5月18日　通貨・経済・社会同盟に関する第一国家条約調印
5月31日　ワシントンで米ソ首脳会談，ゴルバチョフが全ドイツのNATO帰属に同意

6月17日　人民議会，憲法原則法を可決
6月22日　第2回「2＋4」外相会議(東ベルリン)
7月 1日　通貨・経済・社会同盟の発足
7月2-13日　第28回ソ連共産党大会
7月15-16日　西ドイツ政府代表団，モスクワとコーカサスを訪問
7月17日　第3回「2＋4」外相会議(パリ)，ポーランドも参加
7月22日　東ドイツ人民議会，州導入法を可決
8月19日　東ドイツの連立政権崩壊
8月23日　東ドイツ人民議会，1990年10月3日の東ドイツの連邦共和国への編入を決議
8月31日　統一条約(第二国家条約)調印
9月12日　第4回「2＋4」外相会議(モスクワ)，「ドイツに関する最終規定条約」調印
10月 3日　再統一．メクレンブルク＝フォアポンメルン，ブランデンブルク，ザクセン＝アンハルト，テューリンゲン，ザクセンの諸州および東ベルリンが基本法の適用範囲に加入
10月14日　新連邦州で州議会選挙
12月 2日　統一後初の連邦議会選挙

1991年

3月 4日　ソ連，「2＋4」条約を批准
8月19日　ゴルバチョフに対するクーデタ
12月21日　ソ連解体

1992年

2月 7日　マーストリヒト条約調印

解題付き文献表

史料集

La diplomatie française face à l'unification allemande. D'après des archives inédites presentées par Maurice Vaisse et Christian Wenkel. Paris 2011.（フランス側の史料71篇を収録．ただし，重要なミッテラン大統領関連史料は含まれていない）

Documents on British Policy Overseas. Series III, Vol. VII: German Unification 1989–1990. Bearb. von Patrick Salmon, Keith Hamilton und Stephen Twigge. London 2009.（通例の機密期間が満了する前に刊行されたイギリス外交政策史料集．サッチャーやミッテランが当初きわめて統一に懐疑的だったこと，それに対して英外務省はより柔軟な態度をとり，最終的には自らの立場を押し通したことを示す）

Dokumente zur Deutschlandpolitik. Deutsche Einheit. Sonderedition aus den Akten des Bundeskanzleramtes 1989/90. Bearb. von Hanns Jürgen Küsters und Daniel Hofmann. München 1998.（ヘルムート・コール政権末期に刊行された，連邦首相府文書430篇を収録した史料集．とくに再統一プロセスにおけるボン首相府とコール首相の役割について記録）

Die Einheit. Das Auswärtige Amt, das DDR-Außenministerium und der Zwei-plus-Vier-Prozess. Bearb. von Heike Amos und Tim Geiger. Göttingen 2015.（東西ドイツの外交文書から170篇の史料を収録）

Die Einheit sozial gestalten. Dokumente aus den Akten der SPD-Führung 1989/90. Hg. von Ilse Fischer. Bonn 2009.（統一プロセスのなかで西ドイツ社会民主党がさまざまな立場に分裂していたことを跡付けた史料集）

Michail Gorbatschow i germanski wopros. Sbornik dokumentow. 1986–1991. Hg. von Alexander Galkin und Anatoli Tschernjajew. Moskau 2006. Dt. u. d. T.: Michail Gorbatschow und die deutsche

Frage. Sowjetische Dokumente 1986–1991. Aus dem Russ. übertragen von Joachim Glaubitz und kommentiert von Andreas Hilger. München 2011.（ソ連側の枢要な史料集．ゴルバチョフの発言の不明瞭さと戦略的展望の欠如を映し出す）

Andreas Hilger (Hg.), Diplomatie für die deutsche Einheit. Dokumente des Auswärtigen Amts zu den deutsch-sowjetischen Beziehungen 1989/90. München 2011.（49篇の文書から成る史料集．〔タイトルとは異なり〕収録された史料は西ドイツ外務省のものだけではないし，独ソ関係に限られてもいない．テーマはバラバラだが，重要な史料集）

Karl Kaiser, Deutschlands Vereinigung. Die internationalen Aspekte. Mit den wichtigen Dokumenten. Bergisch Gladbach 1991.

Detlef Nakath/Gerd-Rüdiger Stephan, Countdown zur deutschen Einheit. Eine dokumentierte Geschichte der deutsch-deutschen Beziehungen 1987–1990. Berlin 1996.

Detlef Nakath/Gero Neugebauer/Gerd-Rüdiger Stephan (Hg.), «Im Kreml brennt noch Licht». Die Spitzenkontakte zwischen SED/PDS und KPdSU 1989–1991. Berlin 1998.（ベルリンの壁崩壊前夜から再統一にいたるまでの，SEDとモスクワの共産党指導部とのやり取りを記録）

Presse- und Informationsamt der Bundesregierung (Hg.), Deutschland 1989. Dokumentation zu der Berichterstattung über die Ereignisse in der DDR und die deutschlandpolitische Entwicklung. Bearb. von Anna Maria Kuppe. Bonn 1991.

Presse- und Informationsamt der Bundesregierung (Hg.), Deutschland 1990. Dokumentation zu der Berichterstattung über die Ereignisse in der DDR und die deutschlandpolitische Entwicklung. Bearb. von Anna Maria Kuppe. Bonn 1993.

Gerd-Rüdiger Stephan/Daniel Küchenmeister (Hg.), «Vorwärts immer, rückwärts nimmer!» Interne Dokumente zum Zerfall von SED und DDR 1988/89. Berlin 1994.（市民運動と平和革命に対してSED指導部が無力で途方に暮れていたことを示す重

要な史料集）
Texte zur Deutschlandpolitik. Hg. vom Bundesministerium für innerdeutsche Beziehungen. Reihe III/Bd. 5 (1987)–Bd. 8b (1990).（ドイツ問題に関する西ドイツ側の重要なテクストを集成）
Uwe Thaysen (Hg.), Der Zentrale Runde Tisch der DDR: Wortprotokoll und Dokumente. 5 Bde. Wiesbaden 2000.（東ドイツの中央円卓会議に観察者として参加した西ドイツの政治学者による史料集）
Treuhandanstalt. Dokumentation 1990–1994. 15 Bde. Red.: Robert Drewnicki. Berlin 1994.
Die Verträge zur Einheit Deutschlands. Textausgabe mit Sachverzeichnis und einer Einführung. Hg. von Ingo von Münch. München [1990].

回顧録

Jacques Attali, Verbatim. Tome III: Chronique des années 1988–1991. Paris 1995.（ミッテランの側近による記録文書．史料批判的には問題があるし，ミッテランが正式に認可したものでもないが，他の史料によって裏付けは可能．ドイツ再統一に対するフランス大統領のきわめて批判的な態度を記録）
George Bush/Brent Scowcroft, Eine neue Welt. Amerikanische Außenpolitik in Zeiten des Umbruchs. Berlin 1999.（ホワイトハウスの立場から東西対立の終焉を回顧）
Hans-Dietrich Genscher, Erinnerungen. Berlin 1995.（西ドイツ外相の回顧録．彼がそうであったように，大雑把で，疑わしい部分は曖昧で，あまり論争的ではない）
Michail Gorbatschow, Erinnerungen. Berlin 1995.〔ミハイル・ゴルバチョフ『ゴルバチョフ回想録』上下巻，工藤精一郎・鈴木康雄訳，新潮社，1996年〕（ところどころ正確ではない回顧録．意図していなかったことを意図していたかのように事後的に粉飾する傾向がある）
Helmut Kohl, «Ich wollte Deutschlands Einheit.» Dargestellt von Kai

Diekmann und Ralf Georg Reuth. Berlin 1996.（統一首相としての歴史像を求めたコールの回顧録群の1冊目であり，彼が果たした役割を跡付ける）

Juli A. Kwizinski [im Titel: Julij Kwizinskij], Vor dem Sturm. Erinnerungen eines Diplomaten. Berlin 1993.（ボン駐在大使と外務次官を歴任した著者が，クレムリンにおける「シュールレアリスティックなアイデアの混乱」〔本書82ページ〕を明らかにしている）

Hans Modrow, Aufbruch und Ende. 2. Aufl. Hamburg 1991.〔ハンス・モドロウ『ドイツ，統一された祖国――旧東独首相モドロウ回想録』宮川彰監訳，八朔社，1994年〕(SEDの社会主義を改革するという希望が挫折したことの記録)

Wolfgang Schäuble, Der Vertrag. Wie ich über die deutsche Einheit verhandelte. Stuttgart 1991.（統一条約について西ドイツ側で交渉を主導した著者が内幕を伝える）

Horst Teltschik, 329 Tage. Innenansichten der Einigung. Berlin 1991.〔ホルスト・テルチク『歴史を変えた329日――ドイツ統一の舞台裏』三輪晴啓・宗宮好和監訳，日本放送出版協会，1992年〕(コールの外交顧問であった著者が事後的に日記形式で執筆したもの．歯に衣着せぬ記述)

Margaret Thatcher, Downing Street No. 10. Die Erinnerungen. Düsseldorf 1993.〔マーガレット・サッチャー『サッチャー回顧録――ダウニング街の日々』上下巻，石塚雅彦訳，日本経済新聞社，1993年〕(たとえ事後的でもサッチャーは，ドイツとその再統一に対する彼女の疑念を隠そうとはしていない)

Anatoli Tschernjajew [im Titel: Tschernajew], Die letzten Jahre einer Weltmacht. Der Kreml von innen. Stuttgart 1993.〔抄訳：アナトーリー・S・チェルニャーエフ『ゴルバチョフと運命をともにした2000日』中澤孝之訳，潮出版社，1994年〕(ゴルバチョフの側近の立場から，ゴルバチョフの展望がどんどん失われていったことが語られている)

二次文献

Rafael Biermann, Zwischen Kreml und Kanzleramt. Wie Moskau mit der deutschen Einheit rang. 2. Aufl. Paderborn 1998.（文書館史料に基づいていないものの，モスクワの政策決定過程についての周到な分析）

Marcus Böick, Die Treuhand. Idee – Praxis – Erfahrung 1990–1994. Göttingen 2018.（信託公社に関するニュアンスに富んだ通史．「革命的な変革」のなかで「自ら急進化していくエージェント」としての信託公社について，理念，実践，記憶のレベルで論じている）

Frédéric Bozo, Mitterrand, the End of the Cold War, and German Unification. New York 2009.（もともと 2005 年にフランス語で公刊されたもの．公に表明されたミッテランの対ドイツ統一政策は両極端なものだったが，それは無制約の支持でもなければ，妨害を試みたわけでもなかったと整理している）

Frédéric Bozo/Andreas Rödder/Mary E. Sarotte (Hg.), German Reunification. A Multinational History. London 2017.（各国の専門家によるドイツ再統一プロセスに関する多国間的な分析）

Archie Brown, Der Gorbatschow-Faktor. Wandel einer Weltmacht. Frankfurt a. M. 2000.〔アーチー・ブラウン『ゴルバチョフ・ファクター』小泉直美・角田安正訳，藤原書店，2008 年〕（もともと 1996 年に英語で刊行されたもの．ソ連型共産主義の崩壊について，強大な権限を備えたゴルバチョフ書記長とその改革政策の意義を強調する）

György Dalos, Der Vorhang geht auf. Das Ende der Diktaturen in Osteuropa. München 2009.（ポーランドとハンガリーを中心とした東欧における改革・自由運動および革命に関する包括的な叙述）

Martin Diewald/Anne Goedicke/Karl Ulrich Mayer (Hg.), After the Fall of the Wall. Life Courses and the Transformation of East Germany. Stanford 2006.（2900 人の東ドイツ人について 1990

年から97/98年にかけての経歴を調査したもの．再統一後の根底的な社会構造の変化と社会・文化の転換を記録している）

Jürgen W. Falter/Oscar W. Gabriel/Hans Rattinger/Harald Schoen (Hg.), Sind wir ein Volk? Ost- und Westdeutschland im Vergleich. München 2006.（「オスタルギー」や「東アイデンティティ」について社会科学的に分析した論文を収録）

Rainer Geissler, Die Sozialstruktur Deutschlands. Zur gesellschaftlichen Entwicklung mit einer Bilanz zur Vereinigung. 5. Aufl. Wiesbaden 2008.（統一過程と統一ドイツについての包括的かつ簡潔な社会統計学的分析）

Geschichte der deutschen Einheit.（再統一に関する詳細な通史．もっぱら西ドイツの政府史料に基づき，西ドイツ側の視座から書かれている）

Bd. 1: Karl-Rudolf Korte, Deutschlandpolitik in Helmut Kohls Kanzlerschaft. Regierungsstil und Entscheidungen 1982–1989. Stuttgart 1998.

Bd. 2: Dieter Grosser, Das Wagnis der Währungs-, Wirtschafts- und Sozialunion. Politische Zwänge im Konflikt mit ökonomischen Regeln. Stuttgart 1998.

Bd. 3: Wolfgang Jäger in Zusammenarbeit mit Michael Walter, Die Überwindung der Teilung. Der innerdeutsche Prozeß der Vereinigung 1989/90. Stuttgart 1998.

Bd. 4: Werner Weidenfeld mit Peter M. Wagner und Elke Bruck, Außenpolitik für die deutsche Einheit. Die Entscheidungsjahre 1989/90. Stuttgart 1998.

Handbuch des Staatsrechts der Bundesrepublik Deutschland. Hg. von Josef Isensee und Paul Kirchhof. Bd. IX: Die Einheit Deutschlands. Festigung und Übergang. Heidelberg 1997.（統一の国法的な側面に関する包括的なハンドブック）

Hans-Hermann Hertle, Der Fall der Mauer. Die unbeabsichtigte Selbstauflösung des SED-Staates. 2. Aufl. Opladen 1999.（壁崩

壊の前史とSED支配の崩壊に関する初期の，しかし依然として最も詳細な研究．史料も豊富に収録）
Ilko-Sascha Kowalczuk, Die Übernahme. Wie Ostdeutschland Teil der Bundesrepublik wurde. München 2019.（東ドイツ史の長期的な伝統と1990年以降の価値剥奪の経験から，再統一後の東ドイツ人の失望の原因について総括した書．学術的であると同時に，自伝的な省察も含んでいる）
Ilko-Sascha Kowalczuk, Endspiel. Die Revolution von 1989 in der DDR. München 2009.（自らも当事者であった歴史家という立場から書かれた，東ドイツの最終局面に関する詳細かつ参与観察的な書）
Mark Kramer, The Collapse of East European Communism and the Repercussions within the Soviet Union, in: Journal of Cold War Studies, vol. 5 no. 4 (2003), S. 3-42, vol. 6 no. 4 (2004), S. 3-64, und vol. 7 no. 1 (2005), S. 3-96.
Hanns Jürgen Küsters, Das Ringen um die deutsche Einheit. Die Regierung Helmut Kohl im Brennpunkt der Entscheidungen 1989/90. Freiburg 2009.（もともと連邦首相府史料集〔前掲，7ページ〕の序文として書かれたものであり，それゆえもっぱら首相府文書に依拠している）
Jacques Lévesque, The Enigma of 1989. The USSR and the Liberation of Eastern Europe. Berkeley 1997.（著しく理想主義的だったゴルバチョフの改革政策の意図せざる，しかし決して必然的ではなかった帰結として，ソヴィエト帝国の崩壊を描いている）
Andreas Oplatka, Der erste Riss in der Mauer. September 1989 – Ungarn öffnet die Grenze. Wien 2009.（1989年9月11日のハンガリーによる国境開放の前史について，史料に基づいて濃密に叙述）
Karl-Heinz Paqué, Die Bilanz. Eine wirtschaftliche Analyse der Deutschen Einheit. München 2009.（経済学の観点から，再統一の経済的な問題，選択肢，帰結についてきわめて周到に分

析している)

Alexander von Plato, Die Vereinigung Deutschlands – ein weltpolitisches Machtspiel. Bush, Kohl, Gorbatschow und die geheimen Moskauer Protokolle. Berlin 2002.（とくにソ連側史料と同時代人へのインタビューに基づき，超大国レベルのドイツ統一外交について論じた書）

Detlef Pollack, Der Zusammenbruch der DDR als Verkettung getrennter Handlungslinien, in: Konrad H. Jarausch/Martin Sabrow (Hg.), Weg in den Untergang. Der innere Zerfall der DDR. Göttingen 1999, S. 41–81.（東ドイツ終焉の因果関係について説得力のある分析）

Gerhard A. Ritter (Hg.), Geschichte der Sozialpolitik in Deutschland seit 1945. Bd. 11: Bundesrepublik Deutschland 1989–1994. Sozialpolitik im Zeichen der Vereinigung. Baden-Baden 2007.（老齢年金から住宅政策にいたる社会政策的な領域に関する体系的で詳細な総論）

Gerhard A. Ritter, Der Preis der deutschen Einheit. Die Wiedervereinigung und die Krise des Sozialstaats. München 2006.〔ゲルハルト・A.リッター『ドイツ社会保障の危機――再統一の代償』竹中亨監訳，ミネルヴァ書房，2013年〕(再統一プロセスの社会政策的な側面について信頼できる文献)

Gerhard A. Ritter, Hans-Dietrich Genscher, das Auswärtige Amt und die deutsche Vereinigung. München 2013.（ヘルムート・コールおよび連邦首相府に対して，ハンス＝ディートリヒ・ゲンシャーの役割と外務省の意義を強調）

Andreas Rödder, Die Bundesrepublik Deutschland 1969–1990(= Oldenbourg Grundriß der Geschichte 19a.). München 2004.（研究の基本問題および動向も論じた概説書）

Andreas Rödder, Deutschland einig Vaterland. Die Geschichte der Wiedervereinigung. München 2009.（東ドイツの市民運動から多国間の外交までを論じたドイツ革命の通史）

Mary Elise Sarotte, 1989. The Struggle to Create Post-Cold War Eu-

rope. Princeton 2009.〔メアリー・エリス・サロッティ『1989——ベルリンの壁崩壊後のヨーロッパをめぐる闘争』上下巻，奥田博子訳，慶應義塾大学出版会，2020年〕(とりわけ冷戦終焉後の国際関係ないし国家間秩序という文脈のなかで再統一を論じた書)

Mary E. Sarotte, The Collapse. The accidental opening of the Berlin Wall. New York 2014.（ベルリンの壁崩壊にいたる出来事をまとめた書)

Klaus Schroeder, Der SED-Staat. Partei, Staat und Gesellschaft 1949-1990. München 1998.（東ドイツの政治体制について包括的に論じた書)

Wolfgang Seibel, Verwaltete Illusionen. Die Privatisierung der DDR-Wirtschaft durch die Treuhandanstalt und ihre Nachfolger 1990-2000. Frankfurt a. M. 2005.（信託公社についての目配りの利いた議論．信託公社の問題は具体的な行為というよりも，満足させることが不可能な任務にあったと論じる)

Kristina Spohr, Wendezeit. Die Neuordnung der Welt nach 1989. Aus dem Englischen von Norbert Juraschitz und Helmut Dierlamm. München 2019.（1989年以降の新しいヨーロッパ国際秩序の形成を「保守的なやり方による[……]外交革命」として論じる．権力の布置状況と交渉に参加した人物に注目するとともに，とりわけ中国要因を考慮に入れている)

Walter Süß, Staatssicherheit am Ende. Warum es den Mächtigen nicht gelang, 1989 eine Revolution zu verhindern. Berlin 1999.（シュタージの役割についての最も徹底的な研究．シュタージは，市民運動に潜入するために抗議運動に参加したが，それによって彼らが防ぎたかったものを促進してしまったと論じる)

Karsten Timmer, Vom Aufbruch zum Umbruch. Die Bürgerbewegung in der DDR 1989. Göttingen 2000.（社会運動研究の方法論を用いて東ドイツの抗議運動を説得的に分析した書)

Hermann Wentker, Rezension: Friedliche Revolution und Wieder-

vereinigung in neuer Perspektive? Neuerscheinungen zum Umbruch in Deutschland, in: sehepunkte 9 (2009), Nr. 10.（ベルリンの壁崩壊 20 周年を機に刊行された研究の総括）

Wer war wer in der DDR? Ein Lexikon ostdeutscher Biographien. Hg. von Helmut Müller-Enbergs u. a., 2 Bde., 5. Aufl. Berlin 2010.（東ドイツ史に関する最も重要な人物事典）

Odd Arne Westad, Der Kalte Krieg. Eine Weltgeschichte. Stuttgart 2019.〔O. A.ウェスタッド『冷戦 ワールド・ヒストリー』上下巻，益田実監訳，山本健・小川浩之訳，岩波書店，2020 年〕（グローバルな次元で東西対立の歴史を論じた，広い視野の冷戦史）

Andreas Wirsching, Abschied vom Provisorium 1982–1990. München 2006.（再統一前の西ドイツの歴史についての決定版的な分析）

Philip Zelikow/Condoleezza Rice, Sternstunde der Diplomatie. Die deutsche Einheit und das Ende der Spaltung Europas. Berlin 1997 (zuerst Engl. Cambridge, Mass. 1995: Germany Unified and Europe Transformed. A Study in Statecraft).（統一後まもなく，アメリカ政府の当事者 2 名が再統一政策を論じた書．とりわけアメリカ側の視点から政府史料に依拠して書かれたものだが，同時に学術的な議論として提示されている）

Vladislav M. Zubok, A Failed Empire. The Soviet Union in the Cold War from Stalin to Gorbachev. Chapel Hill 2007.（ゴルバチョフの挫折に関する記録）

略 語 表

〔訳文で用いたもののみ〕

AfNS　Amt für Nationale Sicherheit（国家保安局）

ARD　Arbeitsgemeinschaft der öffentlich-rechtlichen Rundfunkanstalten der Bundesrepublik Deutschland（ドイツ公共放送連盟）

CDU　Christlich Demokratische Union Deutschlands（ドイツ・キリスト教民主同盟）

CSCE　Conference on Security and Cooperation in Europe（ヨーロッパ安全保障協力会議〔ドイツ語では KSZE〕）

CSU　Christlich-Soziale Union（キリスト教社会同盟）

DDR　Deutsche Demokratische Republik（ドイツ民主共和国／東ドイツ）

EC　European Communities（欧州共同体〔ドイツ語では EG〕）

FDP　Freie Demokratische Partei（自由民主党）

KPdSU　Kommunistische Partei der Sowjetunion（ソ連共産党）

LDPD　Liberal-Demokratische Partei Deutschlands（ドイツ自由民主党〔東ドイツのブロック政党〕）

MfS　Ministerium für Staatssicherheit（国家保安省）

NATO　North Atlantic Treaty Organization（北大西洋条約機構）

NVA　Nationale Volksarmee（国家人民軍）

PDS　Partei des Demokratischen Sozialismus（民主社会党）

SED　Sozialistische Einheitspartei Deutschlands（ドイツ社会主義統一党）

SPD　Sozialdemokratische Partei Deutschlands（ドイツ社会民主党）